/ 100 位
为新中国成立作出突出贡献的英雄模范人物 /

瞿秋白

陈铁健　褚当阳／著

吉林出版集团｜吉林文史出版社

图书在版编目（CIP）数据

瞿秋白 / 陈铁健、褚当阳著. -- 长春 ： 吉林文史出版社，
2011.4 （2024.5重印）
（100位为新中国成立作出突出贡献的英雄模范人物）
ISBN 978-7-5472-0580-8

Ⅰ. ①瞿… Ⅱ. ①陈… ②褚… Ⅲ. ①瞿秋白（1899～1935）—
生平事迹 Ⅳ. ①K827=6

中国版本图书馆CIP数据核字(2011)第051223号

瞿秋白

QUQIUBAI

著/ 陈铁建 褚当阳

选题策划/ 王尔立 责任编辑/ 王尔立

装帧设计/ 韩璘

出版发行/ 吉林文史出版社

地址/ 长春市福祉大路5788号 邮编/ 130118

电话/ 0431-81629363 传真/ 0431-86037589

印刷/ 天津海德伟业印务有限公司

版次/ 2011年4月第1版 2024年5月第7次印刷

开本/ 640mm×920mm 1/16

印张/ 9 字数/ 100千

书号/ ISBN 978-7-5472-0580-8

定价/ 29.80元

《100位为新中国成立作出突出贡献的英雄模范人物》丛书

编 委 会

主　任　　张自强　高　磊

副主任　　王东炎　徐　潜　张　克　王尔立

编　委　　郭家宁　尚金州　龚自德　张菲洲

　　　　　张宇雷　褚当阳　丁龙嘉　孙硕夫

　　　　　李良明　闫勋才

100位

为新中国成立作出突出贡献的英雄模范人物

八女投江	于化虎	小叶丹	马本斋	马立训	方志敏
毛泽民	毛泽覃	王尔琢	王尽美	王克勤	王若飞
邓萍	邓中夏	邓恩铭	韦拔群	冯平	卢德铭
叶挺	叶成焕	左权	诺尔曼·白求恩		任常伦
关向应	刘老庄连	刘伯坚	刘志丹	刘胡兰	吉鸿昌
向警予	寻淮洲	戎冠秀	朱瑞	江上青	江竹筠
许继慎	阮啸仙	何叔衡	佟麟阁	吴运铎	吴焕先
张太雷	张自忠	张学良	张思德	旷继勋	李白
李林	李大钊	李公朴	李兆麟	李硕勋	杨殷
杨子荣	杨开慧	杨虎城	杨靖宇	杨闇公	萧楚女
苏兆征	邹韬奋	陈延年	陈树湘	陈嘉庚	陈潭秋
冼星海	周文雍、陈铁军夫妇	周逸群	明德英	林祥谦	
罗亦农	罗忠毅	罗炳辉	郑律成	恽代英	段德昌
贺英	赵一曼	赵世炎	赵尚志	赵博生	赵登禹
闻一多	埃德加·斯诺	夏明翰	格里戈里·库里申科		
狼牙山五壮士	聂耳	郭俊卿	钱壮飞	黄公略	
彭湃	彭雪枫	董存瑞	董振堂	谢子长	鲁迅
蔡和森	戴安澜	瞿秋白			

前 言

　　每个人的心中都多少有一点英雄情结，都向往英雄、景仰英雄。也正因此，在中华人民共和国建国六十周年之际，由中央十一部委联合组织开展的"100位为新中国成立作出突出贡献的英雄模范人物和100位新中国成立以来感动中国人物"的评选活动中，群众参与投票总数近一亿。这其中的每一张选票，都表达了人们对英雄模范的崇敬之情，寄托着对伟大祖国的美好祝福。

　　一个民族不能没有英雄，否则这个民族就不会强大。当国家危难之时，懦弱者选择了逃避、妥协甚至投降，英雄们却挺身而出，用热血捍卫民族的尊严，人民的幸福。在创立和建设新中国的伟大历程中，涌现出无数可歌可泣的英雄模范人物。他们之中，有为了民族独立和人民解放而英勇牺牲的革命先烈，有为了党和人民的事业而不懈奋斗的优秀共产党员，有在全民族抗战中顽强奋战、为国捐躯的爱国将士，有英勇杀敌的战斗英雄和革命群众，有积极从事进步活动的著名民主爱国人士和国际友人……他们是民族的脊梁、祖国的骄傲，是激励全体人民团结奋斗的精神力量。

　　《100位为新中国成立作出突出贡献的英雄模范人物传记》丛书，就像一部星光璀璨的英雄谱，真实、完整地记录了英雄模范人物不平凡的一生，再现了他们非凡的人格魅力和精神世界。"头颅可断腹可剖"的铁血将军杨靖宇，"毫不利己，专门利人"的白求恩，"抗战军人之魂"张自忠，"砍头不要紧"的夏明翰，"俯首甘为孺子牛"的文化斗士鲁迅……一串串闪光的名字，一个个动人的故事，犹如群星闪烁，光耀中华。

　　如今，战火已熄，硝烟已散，英雄已逝，我们沐浴在和平的幸福之中。在和平年代，人们不会忘记为今日的和平浴血奋战的英雄们，英雄的故事永远不会结束。让我们用英雄的故事唤醒我们心中的激情，为中华民族的伟大复兴而奋斗。

生平简介

瞿秋白（1899–1935），男，汉族，江苏省常州市人，中共党员。

瞿秋白 1919 年五四运动时参加领导北京的学生爱国运动。1920 年初参加马克思主义学说研究会。后以记者身份赴苏俄采访。1922 年加入中国共产党。大革命失败后，主持召开八七会议，确定了党的土地革命和武装反抗国民党反动统治的总方针。会后任中央临时政治局主席，主持中央工作。1928 年 6 月，出席党的"六大"，随即参加共产国际第六次代表大会，后担任中共中央驻共产国际代表团团长。1931 年起，在上海同鲁迅一起领导左翼文化战线的斗争。1931 年后任中华苏维埃共和国中央政府教育部部长等职。1934 年初进入中央革命根据地。中央红军主力长征后，留在南方坚持游击战争，任中共苏区中央分局宣传部部长。1935 年 2 月在福建长汀转移途中被捕，敌人采取各种手段对他利诱劝降，都被他严词拒绝。6 月 18 日临刑前，他神色不变，坦然走向刑场，沿途用俄语高唱《国际歌》《红军歌》。到刑场后，高呼"中国共产党万岁"、"共产主义万岁"等口号，英勇就义。他是中共第四届、五届、六届中央委员、中央政治局委员，第五届中央政治局常委，中央临时政治局委员、常委，中央临时政治局主席。

1899-1935

[QUQIUBAI]

◀瞿秋白

目 录 **MULU**

永昭史册　流芳万代(代序)

瞿秋白殉难时，除万里转战途中的红军和西北苏区外，在白色恐怖下的黑暗中国当然不可能有悼念他的文字公开问世。

1935年10月，鲁迅开始为瞿秋白编辑遗文集《海上述林》。直到逝世前夕，该书上卷由日本运到上海，他始终抱病怀痛，呕心沥血，把对敌人的仇恨、对战友的怀念融铸在这本书中。《海上述林》署"诸夏怀霜社校印"。"诸夏怀霜"，即是全中国人民都在深沉地悼念瞿秋白。这是多么深刻的含义啊！

1936年，瞿秋白殉难一周年时，莫斯科外国工人出版社编印了一本中文书，书名为《殉国烈士瞿秋白》。编者在引言中说：

瞿秋白同志不仅是中国共产党的最好领导者之一，而且是中国人民最优秀的领袖之一。他毕生为中国民族解放和社会解放而奋斗到底。当他牺牲的周年纪念日，不仅中国共产党员，而且全中国人民都必然要纪念这位优秀的领袖。

这本书集录了陈云、李立三、杜宁（即杨之华）等人悼念瞿秋白的文章，以及毛泽东在中华苏维埃第二次全国代表大会的报告中论苏维埃文化教育的一段文字，还有共产国际代表以及日本、英国、美国、德国、加拿大、安南共产党追悼瞿秋白的文章。英国共产党的悼文说：

在英勇的中国共产党领导之下的中国工人和农民以及光荣的红军将会替同志复仇的。当我们哀悼瞿秋白同志以及与他一同被害的其他同志之时，我们务须争以拥护中国的苏维埃政权。瞿秋白流芳百世！

共产国际代表的悼文，严厉地谴责了国民党反动派，写道：

让帝国主义的走狗们记住：红军今日对中国革命英雄——为中国人民谋解放的英雄——的尸骨深表哀悼，而在中国共产党及红军领导之下的饥寒交迫的中国人明天将给反革命的血腥统治以致命的打击。

这两段文字，表达了国际无产阶级对于瞿秋白牺牲的沉痛悼念之情和对于中国人民革命事业的正义声援。

瞿秋白就义十年以后的1945年，中国共产党第六届中央委员会扩大的第七次会议通过的《关于若干历史问题的决议》，明确指出：

瞿秋白同志，是当时党内有威信的领导者之一，他在被打击以后仍继续做了许多有益的工作（主要是在文化方面），在一九三五年六月也英勇地牺牲在敌人的屠刀之下。

又过十年，1955年6月18日，瞿秋白殉难二十周年忌辰，中共中央在北京八宝山革命烈士公墓为他的遗骨安葬举行了隆重的仪式。中共中央宣传部部长陆定一在仪式上的讲话中指出：

瞿秋白同志是中国共产党的卓越的政治活动家和宣传家。

瞿秋白同志是中国无产阶级的无限忠诚的战士。他献身革命直到最后一息。他的高贵品质和毕生功绩将活在人民的心里，永垂不朽！

党的十一届三中全会以来，瞿秋白研究成为党史研究的热点，这个热点发轫于中共中央对瞿秋白的平反昭雪。中共中央反映全党和全国人民的心愿，给予瞿秋白以崇高的评价。瞿秋白的一生是伟大的马克思主义者革命战斗的一生，是杰出的共产主义战士光辉灿烂的一生。这样的人物虽死犹生，百诬无损。他的名字将永昭史册，万代流芳！

故乡与少年

(1899—1910)

➔ 天香楼·家世

★ ★ ★ ★ ★

（1—3岁）

1899年1月29日，瞿秋白诞生在江苏省常州府城。常州府治设在首县武进，因此，也可以说瞿秋白是江苏省武进县（今常州市）人。

瞿秋白出生的年代，是中国内忧外患交相熬煎的年代。清朝政府昏庸腐朽，国势极端衰败，帝国主义瓜分狂潮凶猛地冲击着中国。严酷的现实，激起了中国人民爱国反帝的同仇共愤，纷纷奋起救亡图存。就在瞿秋白诞生前四个月，即1898年9月28日，康有为、梁启超等改良派倡导的维新变法运动，以谭嗣同等戊戌六君子杀身成仁而宣告失败。从1901年到1911年的十年间，以孙中山为代表的激进革命派，进行了积极的宣传、组织工作，发动了大大小小的武装起义。1911年武昌起义爆发，延续了数千年的皇权专制政治从此垮台。然而，帝国主义假手于袁世凯的北洋军阀，继续侵略和奴役中国，中国社会更加黑暗和落后，中国人民的生活更加悲惨和煎熬。瞿秋白的整个少年时代，就是在这样的时代度过的，他的故乡、家庭和个人生活，深深地印上了这个黑暗时代的烙痕。

瞿秋白出生的青果巷，位于不大规整的常州府城东南角的广化门内。巷内有不少高大古老的石库门宅第，其中一座坐北向南的深宅大院，就是青果巷86号的瞿宅——八桂堂。瞿氏堂名原叫瞻远堂，后来因为在楠木大厅堂前、堂后各植桂树四株，共八株，"八桂堂"因此得名。东院第四进是一幢五开间的两层高大的楼房。正中是堂屋，有扶梯可供登楼，堂屋两侧是卧室。因为楼房一年到头笼罩在兰、桂、菊、梅各色花木的浓芳奇香之中，又是内眷所居，就取了一个秀美雅致的名字，叫"天香楼"。

瞿秋白就诞生在天香楼内。他是这家的长子。瞿家是一个大家族，瞿秋白在族中属于老二房一支内四房的第十六世懋字辈，初名懋淼，号熊伯（亦署雄魄）。因为发际有两个旋心（俗称双顶），父母就给他取了一个奶名叫阿双。瞿秋白小学及中学初期，学名就叫瞿双，别号瓠舟、铁柏、铁梅，又作涤梅；后来，改名为瞿爽，或作瞿霜，同时又改号秋白。

瞿秋白的曾祖父瞿锡保（申之），是道光丁酉顺天乡试举人，拣选知县。叔祖父瞿赓甫（廷韶、舜石），同治庚午举人，在湖北为官三十余年，曾经参与镇压捻军起义，辅佐张之洞办理新政。光绪二十四年（1898年）升授湖北按察使、布政使，赴京师陛见。瞿秋白的祖父瞿贞甫（廷仪、西同）跟随瞿赓甫担任文案，清政府授他"云南白盐井大使、同知衔江西候补知县"虚衔。光绪二十八年（1902年）赴江西实授知县，在南昌等候时猝亡。

△ 瞿秋白的母亲

瞿秋白的父亲瞿稚彬，名世玮，号一禅，道号圆初，以字行。行四又行七，家里人都称他为"七少爷"，外边人则尊称他为"瞿七爷"。他有一个虚衔"浙江候补盐大使"。生于光绪元年一月初六日（1875年3月13日）。少年时在瞿赓甫的湖北官署内住过一段时间，学过剑术之类。瞿稚彬居家无所事事，在优裕的生活环境中，自幼饭来张口，衣来伸手，乐得安逸，淡于进取，日常骑马击剑，偕友出游，略通医道，尤善丹青，以画山水名于世。光绪二十四年（1898年），瞿稚彬23岁。这一年他和金衡玉在江阴县贤庄乐在堂举行婚礼。

瞿秋白的母亲姓金，名璇，字衡玉，生于光

绪元年八月二十八日（1875年9月27日）。原住江阴县西乡大岸上村，后迁贤庄，距常州城不过几十里路。金家祖籍安徽旌德县。金衡玉的父亲金城，字心芍，曾经做过清朝广东盐大使。金、瞿两家联姻，可说是门当户对，双方都是世代相继的官宦望族，在地方上都称得上体面人家。金衡玉是金家的次女，极受父母家人的钟爱。她自小聪明伶俐，又爱读书，文史诗赋都有修养，未出嫁时，已会作诗填词、写信作文，并能写得一手工整娟秀的小楷。金衡玉嫁到瞿家以后，也得到婆母的喜欢，老太太常常在人们面前夸赞自己的儿媳妇有学问，说："如果稚彬也能像我家媳妇那样有学问，考科甲就很容易了。"金衡玉心地善良，性情温和，人又勤快能干；而且她还助人为乐，尤其愿意帮助穷人，就是在以后家境困难的时候，她依旧常常竭尽绵薄之力去帮助穷苦的邻居。

瞿秋白出生以后，母亲又连续生了妹妹群群（瞿轶群，小秋白

△ 少年瞿秋白和父亲合影

1 岁,1900 年生），二弟懋焱（瞿云白,1902 年生），三弟懋森（瞿景白，1906 年生），四弟懋垚（瞿垚白，1909 年生），五弟懋鑫（瞿阿鑫，1912 年生），六弟懋谷（瞿坚白，1913 年生），另外还有妹妹红红早殇。

瞿秋白的性格，在很大程度上和母亲相近。在感情上，他与母亲比与父亲亲密得多。在同情受苦人，特别是在文学爱好这件终生使秋白十分向往而又十分苦恼的大事上，他从小受到母亲深刻的影响。金衡玉除了用慈爱和温情的罗网，紧紧裹住孩子幼稚的心灵外，还特别注意向儿子灌注对文学的酷爱。瞿秋白幼年时，母亲就教他背诵唐诗，有时晚上睡在床上还要儿子大声地背诵。瞿秋白有极好的记忆力，在母亲口授言传之下，很快就背熟了许多唐诗名句，如李白的《静夜思》,孟浩然的《春晓》,孟郊的《游子吟》等等。

→ 星聚堂·私塾

★★★★★

（4—5 岁）

1903 年 7 月，瞿秋白 4 岁时，在湖北做官的叔祖父瞿赓甫去世了。瞿赓甫的家眷带着他的灵柩回到常州八桂堂。这样，在同年冬天，瞿稚彬只得同母亲庄氏、妻子金衡玉和年幼的儿子瞿秋白，从八桂堂搬到了外祖父的家——星聚堂。

星聚堂也是一个大宅，从大门到后宅的九皋楼共有五进房屋。九皋楼是座转楼，上下共十间，中间六间为正楼，两旁的称作厢楼。正楼和厢楼之间有一块用石板铺面的小天井，瞿稚彬一家搬来后，就住在正楼的底层。瞿稚彬夫妇住一间，瞿稚彬的画室占一间，瞿秋白和弟弟们住一间。

1904 年，瞿秋白 5 岁，到星聚堂舅父庄怡亭坐馆的庄氏书馆里读书。书房设在九皋楼前进西侧的一个大房里。私塾里总共有八九个学生，他们的座位全排在庄先生书案的右侧，面东而坐。瞿秋白的座位紧挨着庄先生的书案，是一张有两个抽屉的长方桌。桌面上放着笔墨纸砚和蒙童读本，桌后是一张老式的靠椅。

　　书房的前面有一方不大的天井，是孩子们活动的园地。天井里面种着月季、秋葵等各种各样的花木，都是孩子们自己栽种的。每当休息的时候，孩子们便用喷水壶给花木浇水，或者培土和整枝。在书房窗下离墙几步远的地方，瞿秋白手植了一株桂花，每天他都按时来浇水。

　　书馆的功课，一开始是识字，接着读蒙学课本如《百家姓》《千字文》、《神童诗》等。瞿秋白在入学之前母亲曾经教他识字，所以先生一教，很快就学会了。有的字先生还没有教，他已经会读会写了。瞿秋白入塾第一天，庄先生教了八个字："聪明伶俐，青云直上。"这是瞿秋白在家中就学会了的字。放学回家，他跑到母亲面前，一边写给母亲看，一边得意地说："早已晓得了。"

　　每逢放暑假的时候，瞿秋白就要随母亲到乡下的大岸上村外祖母家去住几天，或者到贤庄的大姑母家去玩几天。贤庄，对于瞿秋白少年时代的生活和思想的影响是深刻的。

　　星聚堂的夏天相当热。吃过晚饭，瞿秋白常常和邻居小朋友们在一起，围坐在天井里的圆桌旁纳凉。母亲金衡玉坐在孩子们身边，摇着一把扇子，一边替他们赶蚊子，一边给他们讲故事。有时候她叫大家猜谜语，或者教瞿秋白背诵唐诗。孩子们最喜欢听《聊斋》的故事，母亲常给他们讲《鼠戏》、《狐嫁女》、《种梨》等等。有一次，母亲讲花木兰的故事，瞿秋白天真地问道："木兰是个女子，怎么会装扮成男子，在军中十多年人家认她不出来？我不相信。"常州是太平天国占领过的地方，后来被清朝和外国侵略军联合攻破，金衡玉也常常讲些太平天国的故事。当时，太平天国起义者的形象虽然往往被人们丑化了，但是，瞿秋白对那些英勇反抗清朝统治，为穷苦百姓拼死打天下的"长毛"，却寄予了深切的同情和崇高的敬意。

→ 冠英小学

★★★★★

（6—9岁）

瞿秋白在九皋楼读了一年多私塾，到 1905 年，他 6 岁的时候，就到刚刚建立的冠英小学堂读书去了。

冠英小学堂堂长庄苕甫，名鼎彝，以字行。他虽是举人出身，但颇有维新思想，矢志改革教育。他定校名为"冠英"，取"冠乎群英"之义。学堂有《校歌》、《春季旅行歌》、《春秋季运动会歌》等，歌词内容反映了办学者追求新思想，培养新少年的远大抱负。

在教学方法上，学堂反对旧书院私塾死读死记的方式，

▷ 冠英小学

注重科学实验。教师在瞿秋白这一班讲生物时，当堂解剖小狗，指点内脏器官的结构和位置。瞿秋白看后对同学说："古人常说良心要放在当中，可见他们并不知道心是在胸的左侧。"瞿秋白在学堂里读了四年，他读书用功，成绩优良，是一个聪敏老实、深受师长和同学称赞的好学生。

尽管小学生活在任何人的一生中都是值得怀恋的，但瞿秋白从小学开始，日趋没落和衰败的家庭生活，已经使他逐渐变得沉默和郁悒了。

瞿秋白的祖母原来由瞿稚彬赡养。瞿稚彬既不做官，又不事生产，经济上没有分文的收入，家中生活全部依赖在杭州做官的四伯父瞿世琥接济。四伯父为官两袖清风，有限的俸禄，负担不了两地的生活，所以不久便把瞿秋白的祖母从常州接到杭州去，从此，瞿秋白家中的这一经济来源断了。虽然贤庄的姑母家还时而供给一些米、柴，但瞿秋白家中的生活已经大不如前了。

生活的困难，使得瞿秋白的精神相当苦闷，总是抑郁寡欢。他终日沉默寡言，埋头读书。除了学堂的规定功课以外，他还抽时间广泛阅读他所能得到的古典文学作品。

有一次，大概是瞿秋白9岁的那年农历春节，父亲买了一本《绣像三国演义》给他。他在走廊上翻看书上的绣像，看得正起劲儿的时候，忽然听到屋中哗啦一声响，整桌的碗盏都打翻在地了。接着，听到父亲瞿稚彬的怒骂声："混账东西，办他！拿我的名片，送他到衙门里去！"

在黑暗的中国，即使是仅仅有着虚衔的士绅，也可以勾结官府，横行乡里。瞿稚彬虽然不是那种坏人，与官府也没有太深的关系，但是，单凭着他的一张印有"候补盐大使"虚衔的大红名片，也足以使穷苦百姓遭到官府的鞭笞。后来，瞿秋白果然听到那个被送去的人被衙门打了二十大板的事。这件事，使瞿秋白非常奇怪：随便拿一张大红名片，就可以使官府打人，这算是什么道理？这件事使他懂得了：为富人撑腰的官府，不过是专门为着欺压和凌辱穷人们而设的。这时，他再去读《三国演义》中《张翼德怒鞭督邮》那一回，就觉得很解气。对于张角兄弟的谋反，瞿秋白也理解了：既然你们要打穷人的屁股，穷人自然就要造反，有什么理由要叫人家"黄巾贼"呢？

→ 常州中学

★★★★★

　　1909年，瞿秋白10岁。这一年春天，他从冠英小学堂初等班毕业，在家中自修，秋天跳级考入了常州府中学堂预科。翌年转入本科。同校学生张复，就是后来的中国共产党最早的党员之一、广州起义的领导者张太雷。

　　常州府中学堂，坐落在常州城东门内玉梅桥护国寺旧址。1905年由常州府和府属八县（武进、阳湖、金匮、宜兴、荆溪、江阴、靖江、无锡）共筹资金兴办，1907年正式开学。1913年改名为江苏省立第五中学。这是当时常州唯一的新式中学校。

　　瞿秋白入学不久，1909年11月间，校庆两周年，举办学生成绩展览会，同时展出学生参加课外活动做出的各种手工、绘画、篆刻等。1910年8月，全校学生赴南京参观南洋劝业会的展览。会上常州府中学堂的展品甚多，引人注目。学生们游览了明陵等名胜。1911年春，全校学生、教职工等四百五十多人，乘火车到无锡惠山旅行一日。同年10月辛亥革命发生，学校暂时停课，成为驻兵场所。直到1912年4月才复课。同年10月，全校师生乘船赴宜兴旅行，参观了蜀山、丁山的陶场，游览了张公洞。1914年6月10日，全校学生坐船赴上海参观展览会。常州中学有八十多件展品被选送巴拿马万国博览会展出，其中有瞿秋白制作的展品。

　　瞿秋白的兴趣在于文科，他喜欢读历史和文学书籍，特别喜欢野史、轶闻，其中记载着帝王的腐败、官府的横暴、民间的疾苦以及群众的反抗斗争。这些书在当时是被列为"禁书"或者是被称作无聊的"闲书"而严厉禁止学生阅读的。

瞿秋白的叔父家中藏书很丰富，有正史、野史、稗史，并且有太平天国的书籍以及梁启超、谭嗣同、严复等人的"新学"著作。瞿秋白读后，曾在史书上写眉批痛诋投降清兵的明朝大臣洪承畴。他还经常与老师和同学谈论他的这些观点，宣扬新知，开启心智。

有时，上课的时候，瞿秋白就在书桌上偷偷地阅读这些书。一次，被老师发觉，没收了一本太平天国野史，可是第二堂课，瞿秋白还是照样伏在书桌上悄悄地读他的"禁书"。

常州中学堂在当时算是比较进步的学校。校长屠元博曾经留学日本，并在那里加入孙中山创立的同盟会，庶务长朱稚竹、兵操教员刘百能等教师也是同盟会会员。他们常在学堂里进行民族革命教育，并积极组织学生进行军事操练。学生思想活跃，很多人都倾向于革命。瞿秋白、张太雷等在屠元博的影响下，对孙中山的反清革命十分关注。他们关心时政，痛恨列强的侵略和清朝的暴政。瞿秋白常常指着头上的辫子对同学说："这尾巴似的东西，留着有什么用，我们非把它剪掉不行！"不久，武昌起义的消息传来，瞿秋白独自在星聚堂的西房，自己把辫子剪下，拎着它欢跃地对母亲说："皇帝倒了，辫子剪了。"

常州中学堂收费甚多，学费、宿费、膳费等加在一起每年要付几十元钱，相当于一个小职员一年的薪资收入。按校方规定，学生每年要做两套制服，夏天是白制服，冬天是呢制服。瞿秋白每年缴纳学杂费等已经相当勉强，哪里还有钱付制服费。瞿秋白中学时代所穿的衣服，多是母亲用父亲的旧衣服改成的长袍马褂，冬天棉衣的外面行线很密，以其耐磨久穿不坏。这一身朴素的打扮，当然为那些富家子弟所瞧不起，他们有意疏远他。瞿秋白则不屑于理睬他们，他除了发愤读书之外，常常同几个要好的同学在课余时间聚在校园树下，谈论诗词、小说、篆刻、绘画。平时沉默寡言的瞿秋白，只有在这种场合，才显得轻松愉快，谈笑风生。

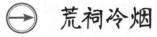

荒祠冷烟

★★★★★

（12—16岁）

　　1911年的武昌起义，推翻了清朝的皇帝。当人们看到象征着五族共和的民国五色旗飘扬在丽日晴空之下时，曾经着实高兴了一阵子。但是，等到孙中山把临时大总统的位子让给了袁世凯，各省的都督改称为督军之后。世道却变得越来越坏，生活也越来越艰辛了。严酷的社会现实，同人们原来对"中华民国"的憧憬，差得是那么远。在瞿秋白看来。新国取代了旧朝，"革命"后的常州同过去相比，不过是一批新贵上台，其昏聩腐朽，其贪婪无耻，其横暴野蛮，比清朝统治有过之而无不及。

　　瞿秋白在极度的失望之下，感到莫大的痛苦和愤慨。一次，他与羊牧之谈到《水浒传》中的英雄好汉，愤然地说："现

△ 瞿秋白的卧室兼书房

在就是没有梁山泊聚义的地方，我虽不能做拿着双斧的李逵，至少也好做一个水边酒店里专门接送来往好汉的朱贵式的酒保。"1912年10月10日，正当常州的居民和各机关学校都在张灯结彩，庆祝"双十节国庆"的时候，瞿秋白却制了一个白灯笼，用毛笔在上面悲愤地写了两个大字"国丧"，然后高挂在宗祠侧门上。妹妹轶群看到邻家都接着红灯或彩灯，独有自家门上悬了一盏写有"丧"字的白灯，觉得不吉利，暗暗地取下。瞿秋白知道了，仍旧把它挂起，表示了他对"国庆"的鄙视，对军阀统治的反抗。

瞿秋白在精神上的苦闷，是和生活上的艰辛交织在一起的。

贤庄的大姑母，不久就去世了。瞿秋白家中生活，不能再依赖姑母的柴米接济，景况日益困窘。到瞿秋白12岁前后，家中不得不把星聚堂每月租金7元的房屋退赁，在族人白眼相视之下，搬到了城西庙沿河瞿氏宗祠。这是瞿秋白在常州最后的一个住处。

旧时习俗，住祠堂是最不体面的事，不仅住祠堂的这一家在人前抬不起头来，就是同族的人也脸上无光。瞿家世代簪缨，"自胜国至今秀才相继，或及身通显，或子孙登榜，叠荷恩荣"。在这样显赫的家族中，非到万不得已，无论是哪一房哪一支，谁也不愿意迁到宗祠里居住。何况，当时宗祠里还停放着许多族人的灵柩，阴森凄凉，哪里是住家的处所？瞿秋白一家迁入宗祠后，许多亲友从此就和他们断绝了来往。许多当官的堂兄弟和亲戚们，竟没有一个人肯伸出救援之手。在这种极端势利的社会中，瞿秋白一家饱尝了人情的冷暖，世态的炎凉，它在瞿秋白的头脑里激起了强烈的愤懑，也锻炼了他坚韧的性格和反抗精神。这样一种被压抑的不满情绪，在他的一首志怀诗中，曾经流露出来："悲欢原有别，天地岂无私？"悲苦与欢乐，对于人们原来竟是如此不公平，可见苍天厚土也是挟有私情啊！

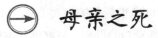

母亲之死

（17岁）

　　瞿秋白家中的境况一年不如一年。迫于生计，父亲瞿稚彬到湖北黄陂二姑母周家管账，月薪约30元。到1914年，全家八口人的生活靠借债维持最低的水准。有时家中的午饭，只有早上吃剩下来的白粥。

　　一家八口，生活无着，只好把家中物品拿去典当变卖，以为糊口之计。逐渐地，衣服、首饰全部送出去了；金石、书画也变卖一空。最后，连柜橱、桌椅、盆桶和日用器皿也大都典当了。当铺、旧货摊和米店都是瞿秋白常去的地方，他把一包包衣物送到当铺高高的柜台上，接过很少的几个钱，然后再到米店去换回几升米或者几斤豆。

　　由于支付不起学费，瞿秋白的弟妹们早已停学在家。妹妹轶群时常住到舅舅家中。弟弟云白已入嗣六伯父，随嗣母费氏住。景白则在宗祠后翻轩内，由母亲授以《论语》、《唐诗》，景白有时不能复讲或背诵，常常受到责罚。1915年夏天，瞿秋白在江苏省立第五中学快要读完本科的最后一年，家里实在无法供给他学费，不得不停学了。瞿秋白体谅母亲的困难，他虽然未能读完中学，倒也并不感到怎样的痛苦。但是，这对母亲却是一个极大的刺激。她对丈夫瞿稚彬的无能，心里是不满的，期盼瞿秋白在学业和事业上有所成就，以振起瞿家的门楣。而现在她竟无法使儿子的学业继续下去，这是怎样的不幸啊！她总觉得做母亲的对不起自己的爱子，时常叹息地对人说："阿双本来是可以造就的，弄得他连中学堂也没有毕业，实在可叹！"

　　1915年中秋节，这一天前来讨债的人络绎不绝，家中房门后粘贴的无法偿还的账单，已经有一寸来厚。这些债多半是瞿秋白祖母生病时拖欠下来的陈年老账。还有一笔是祖母逝世后买棺柩欠下的。讨账的人言辞峻刻，盛气凌人，堵门逼索，迟迟不走。瞿秋白的母亲，只好再三道歉求情，婉言恳求他们再拖延几天。可是，期限一到，又用什么来还债呢? 只好又是道歉求情。她每次把讨账人打发走，回到房里，总是泪流满襟，不胜悲楚。她曾经对人说过："我只有去死，我不死，不会有人来帮助我，孩子就不得活。"她看到眼前这些年幼的孩子，一个个啼饥号寒;她想到爱子瞿秋白由于贫困所逼，连中学也未能毕业，似乎是葬送了他的前途;而势利的亲友故旧，又在百般责怪她没有侍奉好婆母 (老人在这年阴历九月初病故于杭州)，没有把家务管好，甚至连丈夫的无能也成了她的过错。生活的煎熬，社会的摧残，使她对未来已经完全绝望了，她不得不选择了自杀的道路。

临近年关，瞿秋白得表姐夫秦耐铭介绍，在无锡南门外扬名乡江溪桥 (旧名镬子桥) 杨氏义庄所办的杨氏小学 (第七国民小学)，谋得一个小学教师的位子。这时，一家大小都需吃饭，小学教师那一点微不足道的薪金，对于八口之家犹如杯水车薪，无济于事。

1916 年农历正月初二日 (阳历 2 月 4 日)，金衡玉催促瞿秋白到无锡走一趟，她说:"你去看看学校在哪里? 可不可住宿? 以作开学准备。"她这样做，是晓得瞿秋白机敏，恐怕自己准备自杀的意图被儿子发觉，欲死不得，反不好看。瞿秋白走后，她没有立即自杀。她还舍不得年幼的阿垚 (8 岁)、阿谷 (坚白，5 岁)，但是，她又害怕瞿秋白就要由无锡归来，不能再犹豫了。正月初五之夜，大雪纷飞，满城响彻爆竹声。母亲伏在瞿秋白书桌的煤油灯下，含泪写了几封请人代抚儿女的遗书，然后把剪下来的两盒火柴头，用烧酒和着吞服了下去。她步履蹒跚地走到儿子的床前，为阿垚、阿谷盖好了衣被，俯下身亲了亲儿子们熟睡的脸庞。这时，大女儿轶群忽然醒来，她睁眼看了看母亲，又翻身熟睡了。母亲环视了一下儿女的睡态，就倒在自己的床上。天明时，轶群看到母亲腹痛如绞，在床上乱滚，知已服毒。在邻居的资助下，急忙请来西医急救，但是已经无效了。延至初六日 (2 月 8 日) 晚，终于去世，享年四十有二，遗下六子一女。

初七日上午，瞿秋白接到父亲打来的电报，便与秦耐铭一起急忙从无锡赶回常州。在瞿氏宗祠侧门前，他看见一堆烧化的东西，晓得事情不妙了。他急忙走进院内，父亲啜泣着说："人已经死了。"瞿秋白看到母亲的遗书、剩下的火柴头和母亲惨白痛苦的脸，悲恸地抚尸呼唤母亲，倒卧在床前放声大哭，痛不欲生。为了安葬母亲，瞿秋白到处奔走借债，典当衣柜，购得棺木一具，草草将母亲遗体收殓。因无钱买地安葬，瞿家将灵柩停厝于宗祠第三进西首的一间房中，灵台前供了一张母亲的照片，几缕香烟缭绕在灵前。母亲的死，极大地震撼着瞿秋白的心弦。母亲温厚善良的性格，母亲良好的文化修养，母亲身上纯真的爱，母亲对儿女的教养和期望……这一切，是他永生难忘的。母亲这样的好人，把一切美好和幸福都给了别人，给了子女，而她自己却成了穷困、势利、诽谤折磨下的牺牲品，被这万恶的社会的血盆大口吞噬而去。

亲到贫时不算亲，蓝衫添得泪痕新。

饥寒此日无人问，落上灵前爱子身。

这首《哭母》诗，表达了瞿秋白对母亲的深情怀念和对那个不合理的世道的怨恨。

△ 瞿秋白大妹瞿轶群

瞿秋白把诸事安顿好，便独自一人到无锡江溪桥杨氏小学去了。这个学校只有他一个教师。有学生几十人，实行单级复式教学。因此，他是所有学生的共同教师。他教学认真，任劳任怨，国文、算术、音乐、图画各科均能胜任。学校设在杨氏宗祠内，四周都是农民的房舍。出校门，东行约二百步，是一条小河，叫做溪河，坐上小船，一天就可以驶到常州。学校的设备破败不堪，且有几个难驯的调皮学生，瞿秋白常常弄得很不愉快，丝毫感受不到工作的乐趣。他孤寂一人，目睹学校周围地方恶势力任意欺压农民的情景，同时又牵挂着星散在各地的家人，思想上的苦闷是可想而知的。

　　在无锡任教期间，瞿秋白的生活非常清苦。他每月薪金10元左右，省吃俭用，除了添置日用必需品和书籍，还需把一部分钱补贴弟妹们。

　　暑假，瞿秋白辞去无锡杨氏小学的教职，回到常州。在北门外通江桥小皮尖村舅舅金声侣处小住，并曾与阿垚弟及阿妈许氏三人住在宗祠为母亲守孝。荒祠冷烟，生活十分清苦艰难，有时连蚕豆菜粥都难以维持。他写信给在武汉的堂兄瞿纯白，准备走出故乡，在外地重新获得学习的机会。

　　这一年，即1916年，瞿秋白已满17周岁，少年时代不是在金色的，而是在黑灰色的颠危簸荡中逝去了、结束了。他已经跨进了青年时代。

　　1916年12月，瞿秋白离开常州，前往华中重镇武汉。

苦闷·求索·斗争

（1917—1919年夏）

→ 武汉黄陂行

★★★★★

（18岁）

从常州到武汉，最方便的路线是由镇江过长江，从瓜洲渡口登轮，溯大江而上，经江苏、安徽、江西、湖北省境，直抵汉口。瞿秋白走的就是这条路线。

瓜洲，是瞿秋白的旧游之地，风物依然，它只能引起几缕思乡的愁绪。船行的前一站码头是浦口，在浦口停留中，可以下船过江到南京一游。这时的南京，是直系军阀、长江巡阅使兼江苏督军冯国璋驻节之地。冯国璋与皖系军阀段祺瑞争夺北洋政府的副总统乃至总统的宝座，这时已见分晓：10月30日北京国会参众两院选举冯国璋为副总统，11月8日冯国璋在南京就职。南京城里，六朝的豪奢已经逝去，余下的只是破落和衰败。

瞿秋白的堂兄瞿纯白，比瞿秋白大10岁，生于光绪十五年（1889年）。京师大学堂法文毕业生，曾做过南洋万言学堂、上海南洋大学、北京民国大学、清河陆军预备大学教员。这时正在北洋政府交通部京汉铁路局任通译。瞿秋白投奔他，希望能得到一个求学深造的机会，以满足"饥渴似的智识欲"，同时也求得解决"饭碗问题"。

不久，在瞿纯白的帮助下，瞿秋白投考武昌外国语专科学校，被录取，学习英语。那时的学校，特别是某些外语学校，师资缺乏，有些教员在国外镀了几年金，本事没有学到家，确实可以说是滥竽充数。学校的课程设置和教学条件也都很差。在这样的学校里读书，哪里能够满足渴求知识的愿望呢？瞿秋白不满意于武昌外国语学校，同时"饭碗问题"也没有解决。于是，他到黄陂去找姑父周福孙。结果，上述问题仍然没有解决。

黄陂周家与瞿秋白家是两代亲戚，即所谓亲上加亲。瞿秋白的二姑母阿多嫁给周福孙（曾任翰林院编修），生子周均量（君亮）。周均量娶瞿世珏（秋圃）的五女、瞿秋白的堂姐瞿兰冰（懋陞）为妻。周均量的曾祖父周恒祺（福陔），做过山东巡抚、漕运总督，致仕后回籍，寓居武昌与瞿赓甫往还甚密，因而结为姻亲。当瞿秋白来到周家时，姑母阿多把他一手揽在怀里，痛哭失声。

在周家，瞿秋白沉默寡言，他的唯一爱好是读书。周家后栋有一座小园，房屋三间，两间藏书，一间是家塾，由周均量教读。瞿秋白经常坐在书橱前，选择爱读的书，朝朝暮暮，孜孜不倦地阅读。

1917 年暮春时节，瞿秋白决计离开黄陂，谋求新的出路。适逢堂兄瞿纯白返回北京，于是瞿秋白便跟着他顺京汉路北上，到了北京。

 # 俄文专修馆

★★★★★

（19 岁）

到北京后，瞿秋白住在宣武门外骡马市大街羊肉胡同堂兄瞿纯白家中。这是一个有三进房屋的院落，除瞿家外，还住着吴姓一家，也是常州人。瞿秋白住前院大门右客房。

瞿秋白本来是要报考北京大学的。可是，大学的学膳费用高得惊人，瞿纯白拿不出这笔钱供堂弟入学。他让瞿秋白参加普通文官考试，以期在经济上能够维持最低的生活水准。

◁ 北洋政府外交部部立俄文
专修馆

1917 年 4 月，瞿秋白应文官考试，结果没有被录取。4 月以后，他
又闲置了近半年时间。7 月，张勋复辟。为了避开兵祸，瞿纯白委
托瞿秋白护送家眷离京去汉口。复辟事件平息后，又由汉口回到北
京。这期间，他随同张寿昆（常州中学同学）到沙滩北京大学文学
院听过陈独秀、胡适等人的课。当时的北京大学，上课不点名，如
有和上课的学生友好者，是可以混进去听课的。然而，这不是长
久之计。无钱升学，生活无着，在经济上并不充裕的堂兄家中赋
闲，这种接近于穷极无聊的日子，实在难过。瞿秋白只得"挑选一
个既不要学费又有'出身'的外交部立俄文专修馆去进"。入学时
间 1917 年 9 月。

俄文专修馆设在东总布胡同 10 号（今改 23 号）一座洋式的平
房建筑里，原为东省铁路学堂，民国元年（1912 年）改称外交部立
俄文专修馆，免费招生，经常保持甲、乙、丙、丁、戊五个班。瞿
秋白是在第一届甲班毕业后考入专修馆的，属第二届甲班。此时，
瞿秋白的同班生有常州人徐昭，宜兴人朱某，出入相偕，关系颇好。
三人中以瞿秋白用功最勤，成绩也最好。

瞿秋白入俄文专修馆不久，瞿纯白家迁居东城根东观音寺草
厂胡同南口路西第一个门。这是一个十分僻静的小院。不久，云
白、垚白来京，瞿纯白特地在后院东屋为秋白兄弟们安排一间居室，

放置了书桌、书架。瞿秋白自住一室，两个兄弟住一室，中间有堂屋相通。瞿纯白收入本不厚，增加了几个青年人吃饭，生活是清苦的。冬天的北京，朔风怒号，天寒地冻，富人轻裘裹身，尚畏寒冷。瞿秋白在北京的第一个冬天，只有夹衣蔽体。后来他在上海曾对羊牧之说："我到北京的第一个冬天，只穿着夹袄。""如何能过？""现在回想，也不知道怎样过来的，终于过来了。"

 # 在五四运动中

★★★★★

（20 岁）

1919 年的春天，严重的民族危机笼罩着中国。在这存亡攸关的时刻，5 月 4 日，北京的青年学生，从古城的四面八方汇集于天安门前，向中国和世界宣告："外争主权，内除国贼，中国存亡，就在此一举了。"

瞿秋白心头久经压抑的火种，即刻同这一场反帝反封建的爱国图存的大火连接在一起。他是俄文专修馆同学公推的学生代表，率领同学参加了 5 月 4 日天安门的示威游行和火烧赵家楼曹汝霖住宅的壮举。5 月 5 日北京各专门以上学校学生实行总罢课。6 日，各校代表会议讨论通过了组织大纲，宣布北京中等以上学校学生联合会正式成立。瞿秋白出席了这次会议，并且作为俄文专修馆的学生代表，担任学联的评议部议员。评议部的职责是议决学联的重大事项，各校不论人数多少，均出评议员两人。学联成立后，立即积极设法营救被捕学生。接着，又投入挽留北京大学校长蔡元培先生的斗争。

苦闷·求索·斗争

面对如火如荼的学生爱国运动，北京政府接连下令镇压。5月21日，徐世昌令"屠夫"王怀庆任步军统领，将北京完全置于军事控制之下。瞿秋白和朋友们的活动越来越富于斗争性和隐蔽性。他们经常在夜间开会，开会前悄悄地零散地溜进会场，散会后又分散着悄然离去。

　　北京政府为了扑灭五四爱国活动的烈火，在6月1日连发两道命令，一道是为卖国贼曹、章、陆洗刷罪行，掩饰北京政府媚日卖国的丑恶嘴脸；一道是诬蔑学生爱国行动"越轨"、"祸国"，限令"即日一律上课"，否则将予逮捕法办。

　　学生们的严正回答是：从6月3日起恢复一度中断的街头讲演。倘遭逮捕，次日加倍出动；倘再被逮捕，次日再加倍出动，直到全体学生被捕完为止。

　　6月3日上午，北京二十多所学校各派数百名学生上街讲演。瞿秋白和俄文专修馆的同学一起到达预定地点，开展讲演活动。反动当局出动大批军警驱散听讲的群众，逮捕讲演的学生。6月5日，各校出动讲演的学生，增加到五千余人。当日，上海学生罢课、商人罢市、工人罢工消息传来，北京政府急忙召开国务会议，被迫释放全部被捕学生。但是被捕学生拒绝出狱，而且反拘了七名警察，留下两座军警帐篷，作为揭露反动当局的证据。6日，学联通告全国，控诉当局迫害爱国学生的罪行。直到6月8日，学生们为准备参加中等以上学校学生大请愿，才离开了临时监狱，返回各校。

　　在五四爱国运动中，瞿秋白由于劳碌过度，竟至吐血，病了几个月。表姐夫秦耐铭写信慰问他，他在复信中说："干了这平生痛快事，区区吐血，算什么一回事！"表现了瞿秋白崇高的爱国热忱和顽强的斗争精神。

改造社会的呼声

（1919年冬—1920年夏）

➡ 《新社会》旬刊

☆☆☆☆☆
（20 岁）

《新社会》编辑部成员，是在五四运动中集中起来的几个青年。他们是瞿秋白、耿济之、郑振铎、许地山、瞿世英（菊农，瞿秋白的远房叔叔）。编辑部设在青年会，由瞿秋白、耿济之、许地山、瞿世英负责撰稿和编辑，郑振铎负责集稿、校对和跑印刷所。发行所设在南方匠营，由青年会的一位学习干事孔某担任经理。

在《新社会》的同人中，瞿秋白进行写作、译著是很勤奋的，数量也很可观。每一期几乎都载有他的文章，这些文章所表达的思想，在五四新文化运动中是颇为引人注目的。从《新社会》创刊到停刊，前后半年时间，他发表在该刊上的文章（包括译文）共二十二篇。

瞿秋白给《新社会》写的第一篇文章是《欧洲大战与国民自解》。在这里，他一扫那种丧失理想因而也丧失今天的努力的悲观厌世的情绪，满怀信心地大声疾呼，力图激发人们改造社会的热情，增强人们走向为社会争新生的伟大目的地的力量。他说：“中国人……要有世界的眼光，知道新思潮是壅不住的，赶快想法子去适应世界的潮流，迎合世界的现势。要有历史的眼光，知道思潮的变迁，是历史上一定的过程，不可避免的。”

在《新社会》第六号发表的《知识是脏物》这篇文章里，瞿秋白援引无政府主义者蒲鲁东的观点，认为财产私有是脏物，知识私有也是脏物。他认为当今的朝代已进入“实验哲学时代了”。废除知识私有制的方法，“在客观上，我们可以承认经济上的关系——财产私有制——有较大的力量”，在主观上，则应“去实行泛劳动主义”。泛劳动主义强调人类的体力劳动对于社会人生的重要，反对不劳而食，有其积极意义的一面。但以为人人参加体力劳动，不经过根本变革，就可以解决人类生活、国计民生、社会政治和知识教育的根本问题，甚至可以消灭脑力劳动与体力劳动的差别，资本家与劳动者的差别，统治者与被统治者的差别，则是完全错误的。

瞿秋白深怀忧国之情，却痛感于救世无方。他怀着极其焦虑和同情的心理，思索着中国劳苦大众的现实生活和未来前途。

在探索社会改造问题的过程中，瞿秋白十分关心妇女解放的问题。这一时期，他先后写了《小小一个问题——妇女解放的问题》、《告妇女文》及《答论驳"告妇女"书之节录》（译文，托尔斯泰作）、《托尔斯泰的妇女观》、《无产阶级运动中之妇女》等文，分别发表于《新社会》、《解放与改造》、苏州《妇女评论》等刊物上。他指出："许许多多精神上的桎梏——纲常，礼教，家庭制度，社会组织，男女相对的观念——造成这样一个精神的牢狱把他们监禁起来"，"这全是旧宗教，旧学说，旧社会造出来的罪恶"。

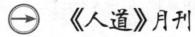

→《人道》月刊

★★★★★

（21 岁）

时势的发展，时代的进步，以及自觉地顺应时势发展的潮流，追随时代进步的步伐的政治态度，是瞿秋白思想发展的决定因素。中国的思想潮流，到了1920年发生了明显的变化，马克思主义广泛地传播起来，马克思学说的研究团体开始出现。1920年3月，李大钊在北京组织了马克思学说研究会，瞿秋白加入其中，开始研究科学的社会主义。不久，由陈独秀组织陈望道、恽代英、李季翻译的《共产党宣言》、《阶级斗争》、《社会主义史》三本马克思主义基本书籍在上海出版。受到马克思主义学说初步洗礼之后的瞿秋白，在对于社会改造的认识上，有了新的进展。这年年初，李大钊在《星期评论》新年号上发表《美利坚之宗教新运动》一文，介绍了空想社会主义在美国的试验与破产。瞿秋白读后，立即写了《读〈美利坚之宗教新运动〉》一文，指出美国许多罢工的发生，说明了"阶级间调和不下的现象"。

1920 年 4 月以后，《新社会》第十七、十八、十九号，连续出版了三期《劳动专号》，介绍资本主义国家的罢工斗争，研究了中国的劳动问题，提出社会主义就是要消灭资本家的雇佣劳动制度，等等。瞿秋白在这三期上，发表了《谁的利器》、《付过工钱之后》（法国都德作，译文）、《劳动的福音》、《伯伯尔之泛劳动主义观》、《世界的新劳动节……中国的新劳动节》等文章，介绍了马克思主义关于阶级、私有制和国家的产生和消亡的学说；改变资本为公有才能创立社会的新基础。他指出要创造新社会，必须实行"激烈的改革运动——革命——根本的改造"。他赞扬德国无产阶级革命家倍倍尔"是实际的改革者"，表现了他对马克思主义者的崇敬。

△ 瞿秋白1920年5月摄于北京

从民主主义者转变为马克思主义者，需要有一个过渡。此时，瞿秋白刚刚开始这个过渡。

五四以后，社团繁兴，刊物蜂起，《新社会》是其中有较大影响的进步刊物之一，远在四川、广西、广东、辽宁、吉林和黑龙江等边陲地区，都有它的读者。正因为这样，《新社会》是不能见容于旧势力的，1920 年 5 月 1 日，它出到第十九期时，终于被查禁停刊了。

《新社会》被封闭，于是有《人道》继起创刊。时间是 1920 年 8 月 5 日，距《新社会》被封只有三个月零五天。《人道》仍旧以"北京社会实进会"的名义发行，负责编辑工作的还是《新社会》的编辑班底。这时社会实进会的职员经过改选，瞿世英当选为职员部的会长。董事部则新增入一批名流任董事，其中有蔡元培、金邦正、陈长蘅、马名海等人。职员部下属的编辑部部长是郑振铎，副部长是许地山，《人道》的编辑负责人当然也是郑振铎。《人道》创刊号上登有启事说："本刊是由《新社会》旬刊改组的，凡以前订阅《新社会》没有满期的人，都继续以本刊补足。"可见，《人道》在事实上是《新社会》的延续。

创刊号上主要的文章是：本社同人的《宣言》、郑振铎的《人道主义》、陈其田的《零碎社会事业与新文化运动》等篇。这些文章的主要思想倾向是宣扬超阶级的人道主义。

走向光明的使者

（1920年秋—1921年初）

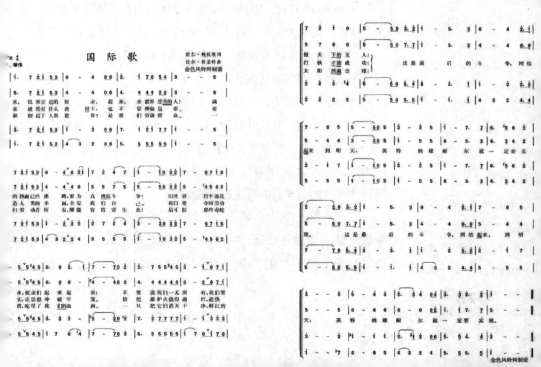

→ 《晨报》特派记者

★★★★★

（21 岁）

1920 年秋，北京《晨报》和上海《时事新报》为直接采访和报道世界各国大势，决定派出一批驻外记者，分赴英、美、法、德、俄诸国。两家报社发表了"共同启事"，内称："吾国报纸向无特派专员在外探取各国真情者，是以关于欧美新闻殊多简略之处，国人对于世界大势，亦每因研究困难愈趋隔阂淡漠，此诚我报一大缺点也。吾两报有鉴于此，用特合筹经费遴派专员，分赴欧美各国担任调查通讯事宜，冀稍尽吾侪之天职，以开新闻界之一新纪元焉。"

瞿秋白应北京《晨报》的聘请，准备以该报特派记者的身份，动身到莫斯科去。这时，从中国远行到俄国去，不是一件容易的事。革命后的苏俄，在帝国主义武装干涉和国内战争的浩劫之下，处于十分困难的境地。

1920 年 10 月初，瞿秋白风尘仆仆赶到山东济南去看望父亲瞿稚彬。第二天一早，瞿秋白依依告别了父亲，离开了济南。

1920 年 10 月 15 日晚间，瞿秋白到王府井南口的北京饭店面见苏俄远东共和国代表优林，办理出国护照。然后，他匆匆赶到好友耿济之家中。在那里，几位朋友等待他的到来，参加他们送别的聚会。他们中除耿济之外，还有郑振铎、瞿菊农、郭绍虞、郭梦良、郭叔奇。瞿秋白带着一身北京深秋夜风卷起的街尘，进入耿家的客厅，摘下眼镜边擦边充满歉意地向已经等待他多时的朋友们说明他迟到的原因。

"明儿早上几点?"有人直接地问。"6 点半，天还不亮哩。"瞿秋白说，"谁也不必送，哈! 送么? 也就是东车站，这儿离赤塔还远得很呢，哈哈!"虽然明天早上瞿秋白就要开始走上遥远的旅途，但他还是那样满不在乎地洒脱神气。

大家谈到俄国的严冬，担心瘦弱的瞿秋白连皮大衣也没有，恐怕一到哈尔滨就冷得受不了。

火车隆隆声中，瞿秋白坚毅地而又充满了温情地告别了朋友们，向着北方出发了。这个真理和光明的热烈追求者，以少有的痴情和勇气，以苦为乐，开始了艰苦的跋涉。

哈尔滨五十天

★★★★★

（21岁）

总领事陈广平，偕副领事刘雯、随习领事郑炎一行三人。瞿秋白、李宗武、俞颂华等，同他们一道于 10 月 18 日午夜登上京奉列车离开天津，开始漫长的旅程。19 日清晨，火车驶近山海关，当晚列车抵达奉天（今沈阳市），换乘南满列车。

20 日早上火车到长春车站，换乘中东铁路客车。瞿秋白步出车站一看，天地已经萧然变色，车站前一片大旷场，四面寒林萧瑟，西北风吹着落叶扫地作响，似乎在告诉人们："已经到了北国寒乡了。"长春以北是中东铁路，形式上已收归中国管理，但车上一切职员还大多由俄国人担任。车站外停着的俄国马车，驾车的也是俄国人，而任中东路护路的又是日本警察，他们同驻在路旁的中国警察不时起些小冲突。

火车到哈尔滨站，已是晚上八九点钟，天黑了，瞿秋白一行乘上马车，在块石嶙嶙的路上走了一阵，来到福顺客栈。住下之后，又返回车站取行李。哈尔滨车站纯为俄国式，但管理之糟使人骇怪：头等、二等候车室里供着希腊教的神像，三等候车室满地泥水，到处是横七竖八的行李。福顺客栈的单间客房，只有一张桌子、两张凳子、四张板铺，三人同住，每天要付房资两元。

到哈尔滨后，瞿秋白才听说谢苗诺夫的白匪部队横亘在满洲里和赤塔之间，战事激烈进行，无法前进。总领事陈广平一行也没有马上离哈北进的打算。起初，他们曾经想退回北京去等待时机。商量之后，决定百折不回，静候时局稳定，继续前进。这样，瞿秋白一行在哈尔滨竟停留了五十多天。

1920年11月7日，俄国十月革命三周年。瞿秋白应邀参加了在哈俄国人的纪念会。会场设在哈尔滨工党联合会预备开办劳工大学的新屋。场中人满，挤不进去。于是他坐到演说坛上。宣布开会时，全场高呼"万岁"，起立齐唱《国际歌》。这是瞿秋白第一次听到《国际歌》，"声调雄壮得很"。会后，他应邀到一位布尔什维克党员的家中去参加晚宴。屋里摆着盛筵，红绿色电灯，满屋红光灿灿，墙上挂着马克思和列宁的肖像。席间，大家痛饮欢呼。一些热情的俄国女郎香气浓郁，凑近来问中国、北京、上海的风俗人情，絮絮不已。一位来自莫斯科的俄共党员，立起演说："我们在此地固然还有今夕一乐，莫斯科人民都吃黑面包，还不够呢。……共产党担负国家的重任，竭力设法……大家须想一想俄国的劳动人民啊。"瞿秋白同他攀谈，他问瞿秋白是不是共产党，中国政党有多少？瞿秋白答道："中国社会党（指共产党——引者）还没有正式成立，只有像你们19世纪40年代时的许多研究社会主义马克思主义会。"这是瞿秋白同第一个社会主义国家中执政党党员的一次颇有兴味的谈话，他更加急切地向往苏俄了。

 ## 从满洲里到赤塔

★★★★★

（22岁）

12月初，得到确实消息，谢苗诺夫匪帮已经溃退，满洲里方面总算肃清了。瞿秋白等去看陈广平，知道他的专车已经办妥，定于12月7日离哈北行。可是，这位领事大人又横生枝节，以收取车费为名，从瞿秋白三人那里要去一千元，又答应与三人在行车中共同餐饮，后来算账，却索取了三人三百斤面粉作为车中一个半月的伙食费。12月8日他们进入专车住宿，然后交旅费、买粮食。透过这些琐屑的事，瞿秋白"这才尝着现实社会生活的滋味。……原来是不懂得世故人情，没有经验，就该受骗。懂世故人情，有经验的人都受到'骗的教育'。……后悔不曾多受几年东方古文化国的社会教育，再到'泰西'去"。

12月10日，专车离开哈尔滨往西北方向，穿行黑龙江全省向中俄边境的满洲里进发。于16日穿越中俄境线，进入俄国。18日抵达赤塔。专车又须等待手续齐备才能前进。瞿秋白一行在这里一直等待到1921年1月4日，共17天。

瞿秋白一行抵达赤塔，正值远东共和国国民议宪大会召开之际，暂时还是临时政府。新政府由布尔什维克掌握，而宣言实行民主主义。这一方面是为了缓和外交冲突，成为苏俄共产主义政权与外国资本主

△ 1921年7月6日，瞿秋白撰写的《列宁杜洛次基》一文，记述采访杜洛次基和第一次晤见列宁的情景，载于《赤都心史》一书。

义国家之间的缓冲地，另一方面也适合于以个体农业生产为主的西伯利亚地区实际的社会经济生活。瞿秋白充分利用在赤塔停留的时间，进行社会调查和新闻采访，这样既可以练习俄文，又可以研究远东共和国的政权及共产主义。他和俞颂华先生访问了远东共和国交通总长沙都夫（谈中东路问题），粮食总长葛洛史孟（谈新政府的粮食政策及中俄通商问题）。1921年1月2日晚，远东共和国临时政府总理兼外交总长克腊斯诺史赤夸夫，在外交部官邸会见瞿秋白、俞颂华，一一回答了他们的问题。

△ 瞿秋白1921年摄于莫斯科

从哈尔滨到满洲里，从满洲里到赤塔，一路上风尘仆仆的采访、调查，积累了许多见闻资料。在总领事的专车上，外交官们酒食争逐、赌博嬉戏的腐败生活，使瞿秋白感到厌倦，然而又不得不违心地应酬一番，浪费许多宝贵时光。有时，他索性避开喧闹的牌局，躲在一边阅读，翻译，思考，写作。振笔疾书，文如泉涌。1920年10月到1921年1月，他寄给《晨报》、《时事新报》的二十余篇通讯，多半是在这种条件下写成的。

1921年1月25日晚11时，瞿秋白一行抵达俄国的都城莫斯科雅洛斯拉夫车站。苏俄外交人民委员会东方司司长杨松会见了他们，安排了他们的食宿和工作。随后，他们见了《真理报》的主笔美史赤略夸夫，工作就此开始。他们住进了一幢由旧时旅馆改成的公寓。寓所周围是一片树林，大教堂的铜顶金光灿灿，耀人眼目。这种适意的居住条件，虽然饮食营养很坏，但可以安心工作了。

赤都心史

(1921—1922)

俄罗斯文化天地漫游

瞿秋白一行住进了苏俄外交人民委员会为他们安排的公寓，三人占了两间屋。凭窗眺望，公寓四周的树木，覆盖着白雪，显得格外宁静，然而，瞿秋白的心情是兴奋而充满着激情的。

到达莫斯科十天后，正值全俄华工会召开。从俄国各地来到这里的华工代表近二百人，代表着在俄国各地的华工数万人（其中欧俄部分占四万多人）；他们有的是在俄国做工经商的，有的是参战华工，从法国、德国逃出而流落此地的。他们的生活和劳动条件很苦，多数是文盲。他们听说从中国来了新闻记者，异常的高兴，热情地欢迎瞿秋白三人参加大会。瞿秋白发表了即兴讲话。他介绍了国内学生爱国运动的情况，激起了与会华工的爱国之情。中国驻莫斯科总领事陈广平不来出席会议，引起华工代表们的不满。会议的重要议题是华工回国问题。这件事与总领事的职权有密切关系，因此，陈广平就成了会议代表指责的中心。瞿秋白在会间结识了几位华工，后来时常同他们来往。

《真理报》主笔美史赤略夸夫会见瞿秋白一行，热情地向他们介绍参观考察的手续，他们的参观考察也就从这里开始。苏俄外交人民委员会东方司特地派了两位翻译陪同他们参观考察。一位是英文翻译，另一位是俄文翻译郭质生。瞿秋白与郭质生一见如故，成为十分要好的朋友。

瞿秋白来到了莫斯科特列嘉柯夫美术馆参观，这是他到达莫斯科后选择的第一个游览点。这里陈列着俄国著名美术大师们的作品。在连年动荡，战灾浩劫中，这些珍贵的艺术精品，竟丝毫未受损伤；连这美术馆的创始人特列嘉柯夫的石雕像，也安安逸逸地陈列在他死时的病榻旁。这说明了新俄政权对传统文化的尊重和保护。

经友人的介绍，瞿秋白在 2 月 14 日会见了著名诗人马雅可夫斯基。诗人关切地询问中国文学的情况，并把他的一本诗集《人》送给了瞿秋白。马雅可夫斯基也参加过未来派。可是在他的早期抒情诗，例如长诗《穿裤子的云》、《战争与和平》中，明显地表现出使他超出未来派的人道主义倾向。这些作品反映了他对于破坏个性的"无冕帝王"——资本的抗议，并充满了革命的预感。

为了了解苏俄的教育事业和东方文化问题，瞿秋白前往克里姆林宫，访问教育人民委员卢那察尔斯基。过了两个星期，教育人民委员会派车送瞿秋白一行到莫斯科的几处幼儿院、劳动学校去参观。这几处设施，规模虽然不大，但人们的精神面貌都很好。其中一所专为体弱儿童设立的学校，在距莫斯科约二三十里的森林中间，空气清新，房舍清洁，设备非常完美。当中国客人来到时，活泼的小学生们唱歌跳舞，热情欢迎，拥着客人们问话。有一位学生，居然学会用汉字写了"中国瞿秋白"五个字，这使身在异邦的瞿秋白十分感动。

这时，瞿秋白的心境愉悦。他被苏俄的种种新兴的事物所振奋，所激荡。他看到了新旧两种文化的并行和斗争，但他坚信，新的文化必然取代旧的文化，而旧文化中一切有生命力的精英，也一定会保留下来，继续为其自身的发展和对人类文明事业作出贡献。

瞿秋白以记者身份参加了俄共第十次代表大会，并以满腔热情忠实地报道了大会情况。3、4 月间，他写了长篇通讯《共产主义之人间化——第十次全俄共产党大会》，全文约三万字，从 6 月 22 日起到 9 月 23 日，在北京《晨报》上连载了二十七次。他向中国人民报告了苏俄政治、经济、民族、外交等方面的状况，指出苏俄已经"由军事时代过渡于和平时代"。文中介绍了斯大林关于民族问题的论述，指出苏维埃俄国的民族政策，"确为世界上开一新纪元"。瞿秋白赞赏苏俄共产党人和苏俄的政治制度。

在苏俄两年，瞿秋白的考察采访所涉及的方面很广大，接触的人物很多，上至领袖、教授，下至老妪、幼童，三教九流，各色人等，了解了政治、经济、文化、外交、民族等各个领域的情况，写出了五六十篇（其中遗失十多篇）旅俄通信，仅在《晨报》上发表的就有四十篇，约十六万字。他出色地完成了《晨报》所赋予的使命，称得上是一位年轻有为、才华出众的驻外记者。

1921年6月22日，共产国际第三次代表大会在莫斯科大剧院举行开幕式。瞿秋白以记者身份出席了大会。他报道大会的盛况说："大剧院五千余座位都占得满满的，在台上四望，真是人海，万头攒动，欣喜气象，革命的热度已到百分。祇诺维叶夫致开会词：'我以第三国际执行委员会的名义宣布第三次……共产国际大会开会……'下面鼓掌声如巨雷，奏《国际歌》。"各国代表致词后，著名歌唱家夏里亚宾唱歌助兴，最后全场五千多人都卷入《劳工歌》的声浪中了。瞿秋白的思想的浪潮，也随着莫斯科的赤潮激荡着，他把激动的感情融进了新闻报道中。

7月6日，在瞿秋白的旅俄生活中，是一个永远难忘的日子。这一天，在安德莱厅瞿秋白荣幸地见到国际无产阶级革命导师列宁。他在当日写下的一段文字，真实地记录了这一具有重大历史意义的场面，并且最早向亿万中国人民描绘了列宁的形象：

列宁出席发言三四次，德法语非常流利，谈吐沉着果断，演说时绝没有大学教授的态度，而一种诚挚果毅的政治家态度流露于自然之中。

△ 瞿秋白与共产国际"三大"代表合影

安德莱厅每逢列宁演说，台前拥挤不堪，椅上、桌上都站堆着人山。电气照相灯开时，列宁伟大的头影投射在共产国际"各地无产阶级联合起来"，俄罗斯社会主义联邦苏维埃共和国等标语题词上，又衬着红绫奇画，——另成一新奇的感想，特异的象征。……列宁的演说，篇末数字往往为霹雳的鼓掌声所吞没。

会间休息时，瞿秋白在走廊上遇见了列宁。看到这位举世景仰的革命伟人，瞿秋白抑制不住自己的兴奋。可惜列宁实在太忙，他亲切地指给瞿秋白几篇有关东方问题的材料，简略地谈了几句话，便道歉分别了。虽然只是简短而匆匆的会面，却使瞿秋白心里异常激动，他说："政治生活的莫斯科这次才第一次与我以一深切的感想啊。"

1921年9月，瞿秋白除担任新闻记者外，开始到莫斯科东方大学（全称为东方劳动者共产主义大学）中国班担任翻译兼助教。

→ 新时代的"活泼稚儿"

★★★★★

（23岁）

瞿秋白怀着极大的求知欲望来到俄罗斯大地，他把革命后的俄国比之为琳琅满目的宝山，他要集注全力取回宝物，去献给苦难的祖国。他不知疲倦地工作着，顽强刻苦地学习着。生活条件本来已很艰苦，他还要节衣缩食，自己烧饭和料理生活，吃得很不好，甚至吃不饱，连定量供给的一点糖，他都节省下来去买书。因此，到莫斯科不久，瞿秋白就患病了。1921年3月11日他在记事中说："莫斯科生活开始，我们求学考察还正兴致勃勃，然而因物质生活的困苦，竟奄奄有些小恙。"这次的病，大约七八天才痊愈。到了7月，又突然病倒，整整卧床一个月。7月6日到8月5日之间，没有写作。8月初，经医生诊断，左肺有病，并劝他"回国为是"。8月4日吐血，整个8月份，他扶病只写了三篇短文。他显然有些焦躁不安，全心仍想着工作："奄奄的生气垂尽，一切一切都渐渐在我心神里磨灭……还我的个性，还我为社会服务的精力来！"他诅咒自己不能适应俄国的气候，勾起思乡的情绪："万里……万里……温情的抚慰，离故乡如此之远，那能享受。……漫天白色，延长五月之久，雪影凄迷，气压高度令人呼吸都不如意。冰……雪……风暴……那有江南春光明媚，秋花争艳的心灵之怡养。"他在梦中，都梦到了南国故园中灿黄的菜花，清澄的池水，翠柳，碧桃……可是，当他想到祖国要成为完全的殖民地，外国资本家"老爷"来了时，他的心紧缩了，病也更深了。9月开始，身体略好，他的采访、考察、写作，重新又恢复起来。9月16日，中国阴历八月十五日，瞿秋白在莫斯科迎来了身在异邦的第一个中秋节。偶然和俄国朋友们谈起中秋的意义，他们感到很有趣味，说这团圆的象征大有诗意。怂恿瞿秋白借用他们的房间聚会一次。女主人专门做了点心招待中国客人。瞿秋白当日写了一首题为《东方月》的诗，寄托自己对祖国和亲人的思念之情，并把这种感情升华到更高的境界。"万古'中秋'，未入欧人诗思词说。原万族共'婵娟'，但愿和'婵娟'年千亿。……欧亚华俄——情天如一。"他多么希望象征着团圆、幸福、美好、安详的明月，千秋万代地照耀在环球各族人民的心田。这是何等高洁的情怀，美好的信念。

在中秋聚会上，嘉德琳女士问到瞿秋白的健康状况，知道他夜夜虚汗，咳嗽吐血，极力劝他回国。夜深散宴归寓，瞿秋白到郭质生住处，谈及病体支离，要做的事，应当做的事，都不能做，不如回国，或有可为。过了几天，瞿秋白写信给在柏林的俞颂华，告诉俞颂华他将回国，但是他对于"来做开天辟地研究俄罗斯文化……的事业"，又非常眷念，依依不舍。10月间，病情渐轻，他又能赴俄国朋友德尔纳斯嘉女士的家庭音乐晚会和中国工人朋友林扬清的家庭宴会，心境也似乎变得好些。由于西伯利亚交通仍然困难，需要带的书籍太多，瞿秋白打消了马上回国的念头。他的心思又全部转向了工作："我一天不读，一天不'想'，就心上不舒泰，——不能不工作；要工作。"

瞿秋白来俄不到一年，经过学习马克思主义理论和实地的考察，已经逐步接受了马克思主义的社会革命思想，接受了辩证唯物主义和历史唯物主义观点特别是阶级分析方法，并且用来指导考察、写作以及剖析和改造自己的思想。

据瞿秋白自己在《记忆中的日期》中回忆，他于1921年5月经张太雷介绍，参加共产党，为预备党员。同年9月，转为正式党员。当时属于俄共（布）党组织，到1922年春，正式参加中国共产党。

由于物质生活降低，工作量急剧增加，瞿秋白的身体越来越坏了。1921年12月15日，他住进莫斯科高山疗养院。

1922年1月21日，在共产国际发起和指导下，远东各国共产党和民族革命团体第一次代表大会在莫斯科举行。参加远东会议，实在使瞿秋白过度地兴奋。但是，他的病本来就不轻，医生说他的一叶肺已经溃疡，只能支持两三年。他除了作为参加会议的代表，还担任会议的翻译工作，很是劳累。因此，当大会闭幕式移至彼得格勒举行时，他便病倒了。他从旧帝国国会的会议大厅勉强走回国际旅馆，血痰又出现。他高烧昏睡了四五天。2月7日，在模糊梦寐中，被送回莫斯科，又住进高山疗养院。在病榻上，他把吊灯拉下拴在床架上，躺上床上看书，俯在枕上写作。从2月9日到3月下旬，先后写成《彼得之城》、《俄雪》、《美人之声》、《阿弥陀佛》、《新村》、《海》、《尧子河》、《新的现实》、《生活》等文。约在4月中旬，出高山疗养院，又连续写通信《赤俄之第四年》、《第九次全俄苏维埃大会》、《一九二二年之亚欧与苏维埃俄罗斯》、《全俄共产党第十一次大会》、《日诺亚会议后之中俄外交》、《世界劳工统一战线与莫斯科》、《知识阶级与劳农国家》、《海牙会议与俄罗斯》、《欧俄新订之劳工保险法》、《欧俄国内商业之新发展》、《海牙会议后欧俄经济之前途》、《苏俄一九二二年之丰收》、《新经济政策之因，旧政治思想之果》、《劳农俄国之经济前途》等文，从莫斯科寄给北京《晨报》。《晨报》对瞿秋白的来稿，均冠以"莫斯科通信"字样，专栏发表。自1922年7月到11月共发表通信十七篇（其中有的文章续刊四五次）。可以这样说，瞿秋白是俄国十月革命后最早有系统地向中国人民报道苏俄情况的新闻界先驱。

1922年11月5日到12月5日，共产国际第四次代表大会先后在彼得格勒和莫斯科举行，中国共产党派出由陈独秀、刘仁静等组成的代表团出席大会。瞿秋白作为中共代表团的译员，也参加大会。会议讨论了东方问题，通过《东方问题（提纲）》，指出中国民族革命运动的蓬勃高涨，强调建立反对帝国主义的统一战线的重要性。

大会结束后，陈独秀鉴于国内革命斗争的需要，请瞿秋白回国工作。1922年12月21日，瞿秋白告别了生活和工作两年的莫斯科，起程返国。

江南一燕

(1923—1924年夏)

马克思主义者

☆☆☆☆☆

（24 岁）

　　1923 年 1 月初，瞿秋白乘坐的国际列车到达满洲里。一进中国境，最触目的就是到处只见穿着"号衣"的军警。到达哈尔滨，下车后时时受到军警的盘问。瞿秋白不得不缓行，在哈尔滨停留三天，直到 1 月 13 日才到达北京。

　　离别了两年的中国，给这位青年马克思主义者的第一眼印象：中国依然是帝国主义和军阀政权（此时是直系军阀吴佩孚控制着北京政府）统治下的狗彘食人的中国："中国政府原来是'率兽食人'的政府，谄媚欧美帝国主义，以屠杀中国平民劳动者为己任。"本来，瞿秋白打算在到达北京以后，马上把他在苏俄研究考察所得以及苏俄现状向中国读者报道。但是，当他看到中国的现实后，不能不先对中国发表自己的主张了。回国三天后，他在一篇短文中提出了他以前不曾也不可能提出的救国之方：

　　中国真正的平民的民主主义，假使不推倒世界列强的压迫，永无实现之日。世界人类的文化，被这一班"列强"弄得濒于死灭且不必说起，中国平民若还有点血气，无论如何总得保持我们汗血换来的吃饭权。全国平民应当亟亟兴起，——只有群众的热烈的奋斗，能取得真正的民主主义，只有真正的民主主义能保证中国民族不成亡国奴，切记切记！

　　回到北京，瞿秋白住在东城大羊宜宾胡同堂兄瞿纯白家中。《国际歌》的歌词，是瞿秋白在这时重新翻译的。在此之前，《国际歌》在中国已有三种译文，但由于译文不够确切，而且没有与原歌的曲谱配译，都不能歌唱。为了使《国际歌》

△ 瞿秋白1923年初回国留影

△ 《新青年》季刊第一期封面

成为中国广大劳苦群众的歌曲，瞿秋白按照曲谱配译中文歌词。瞿纯白家有一架风琴，他一边弹奏风琴，一边反复吟唱译词，不断斟酌修改，直到顺口易唱为止。法文"国际"这个词，如果译成中文，只有两个字，而这个音节有八拍，不易唱好。瞿秋白经过再三琢磨，采用音译"英特纳雄纳尔"。这个唱法，一直沿用到今天。

中共中央领导机关为了就近领导北方的工人运动，于1922年10月迁往北京。二七惨案发生后，北方工运转入低潮，中央机关又迁

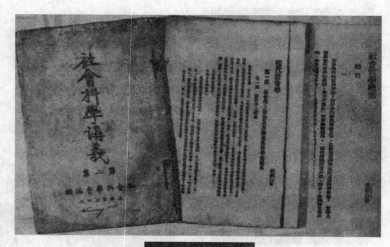

△ 《社会科学讲义》

回上海。瞿秋白后来也离开北京到了上海，并接受中央委托，负责筹办《新青年》季刊，担任主编，同时主编中央的另一机关刊物《前锋》，参加编辑《向导》，并为这些刊物撰稿。当时，根据中共中央规定，党中央的这三个机关刊物，大致分工是：《新青年》侧重理论问题；《向导》侧重政治评论；《前锋》侧重经济理论。但是实际上界限并不十分严格。

1923 年 6 月 15 日，《新青年》季刊创刊号问世。瞿秋白把创刊号编成"共产国际号"专刊，并亲自题写刊名，设计了封面。封面的中心是监牢的铁窗，一只有力的手从铁窗中伸出，手中握着鲜红的、飘展的绸带。铁窗下写着一句话："革命党自狱中庆祝革命之声。"创刊号的十五篇著译文章作品中，瞿秋白著有《新青年之新宣言》、《世界的社会改造与共产国际》、《现代劳资战争与革命》、《东方文化与世界革命》、《世界社会运动中共产主义派之发展史》、《评罗素之社会主义观》等理论文章六篇，及创作歌词《赤潮曲》、译词《国际歌》各一首。稍后出版的《前锋》创刊号，在十篇文章中，瞿秋白写有三篇：《帝国主义侵略中国之各种方式》、《中国之资产阶级的发展》、《现代中国的国会制与军阀》等。在《向导》上，瞿秋白写的评论文章很多。同时，他还为《民国日报》、《东方杂志》等报刊撰写文章。

1924 年 1 月至 4 月，瞿秋白在社会科学学会编辑的《社会科学讲义》第一至四卷上，发表了历史唯物主义著作《现代社会学》一书。作者是在唯物史观的意义上来使用社会学这一概念的。书中对社会发展的原因论与目的论，社会现象的有定论与无定论，社会历史的偶然性与必然性等问题，都进行了历史唯物主义的论述。

1924 年暑期，瞿秋白在上海夏令讲学会上作了《社会科学概论》的演讲，进一步阐述历史唯物主义的基本观点。主要是对于经济基础和上层建筑，生产力和生产关系等社会基本矛盾问题，对于阶级、阶级斗争、国家、政党、领袖、宗教、艺术等问题，作了历史唯物主义的论述。

 # 积极推动国共合作

★★★★★

（24 岁）

1919 年 3 月创设于莫斯科的共产国际，是列宁世界革命理论在组织上的体现。在列宁看来，苏俄政权为摆脱列强环伺的孤立困境，必须从一国革命转为国际革命。在共产国际领导下，按照苏俄模式，组建各国共产党，用"批判的武器"和"武器的批判"手段，推进世界革命，建立一个国际苏维埃共和国。

在共产国际和列宁推行的无产阶级世界革命东方战略方针指导下，从 1922 年夏秋开始酝酿的国民党与共产党的合作，随着 1923 年二七惨案的发生，加快了前进的步伐。血的教训使年轻的中国共产党人懂得，要取得中国民主革命的胜利，不能由工人阶级孤军奋战，而必须和民族资产阶级、小资产阶级（包括农民）结成广泛的反帝反封建的革命统一战线。以伟大的民主革命家孙中山为代表的国民党人，也从轰轰烈烈的工人运动高潮中，看到广大人民群众特别是工人阶级及其先锋队的伟大力量，坚定了同共产党合作的愿望。瞿秋白积极地投入到促进国共合作迅速实现的理论和实际活动中去。

在共产党方面，为了正式讨论和决定党的统一战线的方针等问题，决定召开党的代表大会。1923 年 6 月中旬，中国共产党第三次全国代表大会在广州举行。这次大会以决定实行国共合作、为革命统一战线的建立作思想上理论上策略上的准备，而载入中国革命史册。在大会正式开会前，举行了预备会议，议决分工起草党纲、党章和各项决议案。瞿秋白主持起草了党纲草案。

1923 年下半年，国共合作进入了实际组织工作阶段。8 月，孙中山派蒋介石率领"孙逸仙博士代表团"由上海起程赴苏联考察，代表团中有共产党张太雷、沈定一（玄庐）等。蒋介石出访前，两次与瞿秋白、张太雷畅谈，详细了解苏俄历史与现状。10 月 6 日，苏联代表鲍罗廷抵达广州。10 月 18 日，孙中山任命鲍罗廷为国民党组织教练员，以借重他的组织经验，协助完成国民党的改组。10 月 25 日，孙中山主持国民党改组特别会议在广州举行。同时正式聘请鲍罗廷为国民党临时中央执行委员会的政治总顾问，国民党的组织法、党纲、党章等都由鲍罗廷起草，再由孙中山审定。11 月，国民党发表改组宣言。

1924 年 1 月 20 日，中国国民党第一次代表大会在广州开幕。瞿秋白和李大钊、谭平山、林伯渠、毛泽东等共产党人一道出席了大会，促成了大会的成功。大会通过的宣言，孙中山深感满意。

瞿秋白在大会上当选为国民党候补中央执行委员。按国民党当时情况，中央执行委员和候补中央执行委员同样担负实际责任。瞿秋白经常奔波于广州上海之间，负责处理两党合作问题。因此，有人说他主持了中国共产党中央的"不管部"。

1924 年 7 月 11 日，根据孙中山的建议，国民党中央设立政治委员会（即中央政治会议），以辅助孙中山应付时局，规划政治方针。孙中山自任主席，委员有廖仲恺、汪精卫、胡汉民、瞿秋白（原为谭平山，7 月 16 日谭平山即辞职，由瞿秋白递补)、邵元冲、伍朝枢，聘鲍罗廷为高等顾问。瞿秋白先后出席了中央政治委员会的多次会议。8月6日，中央政治委员会举行第四次会议。孙中山、胡汉民、瞿秋白、邵元冲、伍朝枢及鲍罗廷出席。会议决定设立统一训练处，将陆军军官学校(黄埔军校)、滇军干部学校、陆军部讲武堂、西江陆海军讲武堂、警卫军学兵营及航空局，统归训练处管理。训练处由孙中山任主席，委员有杨希闵、许崇智、蒋介石、宋子文、程潜及鲍罗廷。9月3日，举行第七次会议，讨论北伐问题，孙中山、瞿秋白、伍朝枢及鲍罗廷出席。

这一时期，瞿秋白除在广州参加中央政治委员会外，还以中央候补执行委员身份参加国民党上海执行部的指导工作，担任上海国民党机关报《民国日报》的编辑和撰稿工作。他为《民国日报》写了《中国解放运动之公敌》、《五一节之四十年》、《反帝国主义运动与国民党》等文，号召中国人民觉悟起来，实行国民革命，打倒中国解放运动的公敌——帝国主义和军阀，争回民族主权，争得国民民权。

在国共合作大业中，瞿秋白是一位卓越的政治活动家。

→ 上海大学教授

★★★★★

（24岁）

上海大学是在国共合作的呼声中，在统一战线的旗帜下，于1922年10月，由上海私立东南高等专科师范学校改组成立并发展起来的。李大钊介绍邓中夏出任总务长，瞿秋白任社会学系主任。邓中夏到校视事不久，瞿秋白就来了，先任学务长，后任社会学系主任。8月8日，上海大学全体教职员在一江春

◁ 上海大学全体教职员合影

聚宴，校长于右任主持推定学校最高议事机构评议会，邓中夏、瞿秋白、叶楚伧、陈望道、邵力子、陈德征等九人被推为评议员。同年12月改评议会为行政委员会，瞿秋白等八人为委员。1924年2月，行政委员会召开第二、三次会议，瞿秋白先后被推定担任上海大学丛书审查会委员、经济学系筹备员等职。

　　上海大学创建伊始，百事待举，而又穷之又穷，是一个道地的弄堂大学。瞿秋白到此任事，决意把学校办好。他在1923年7月30日写给胡适的信中，说到这一点："既就了上大的事，便要用些精神，负些责任。我有一点意见，已经做了一篇文章寄给平伯。平伯见先生时，想必要谈起的。我们和平伯都希望上大能成南方的新文化运动中心。"信中所说的文章，是指他写于7月23日的《现代中国所当有的"上海大学"》，已经寄给了《民国日报》编辑俞平伯。

　　这时，瞿秋白住在上海闸北，以记者身份进行公开活动。他的住处，布置得像一个作家的书屋，出入那里的也多是些青年作家。他与于右任关系融洽，过往颇多。除了担任党的理论研究和宣传工作外，他集注全力整顿改革上海大学的学务。

炽烈如火的爱情

★★★★★

（25岁）

就在这个时候，爱情走进了瞿秋白的生活。

事情是从 1923 年夏天，瞿秋白的南京之行开始的。党的"三大"后，青年团在南京开团的"二大"，瞿秋白到会。会间，施存统拉着他去看望原来在上海平民女子学校读过书的两位女孩子，一位是丁玲（这时她叫蒋冰之，是她的本名），一位是王剑虹。第一次见面，瞿秋白就给她们留下了深刻的印象。不久，他们又去看望她们。瞿秋白讲苏联故事给她们听，这非常引起她们的兴味。过去，她俩在平民女校，也听过一位从苏联回来的同志讲过苏联情况。两个讲师给她们的感受竟如此不同，先前那一位像瞎子摸象，瞿秋白的讲法，像熟练的厨师剥笋，十分得要领，使听者感到层次清晰，丝丝入扣。当瞿秋白知道她们读过一些托尔斯泰、普希金、高尔基的书的时候，他的话就更多了。她俩就像小时听大人讲故事似的都听迷了。也许可以这样说：瞿秋白是属于这样的人——神采俊秀，风骨挺拔，真挚坦诚，毫无矫饰，使人望之俗念俱消，油然生爱慕之情。她们和他，在成为师生之前，已经成为朋友了。

王剑虹，原来叫王淑璠，四川酉阳人。1903 年生，土家族。早年丧母。父王普山，擅医道，作过国会议员，辛亥革命后当过孙中山的秘书。1918 年丁玲考入湖南桃源第二女子师范预科时，王剑虹已是师范二年级的学生了。1919 年五四运动爆发后，王剑虹成了全校学生运动的领头人。她有一双智慧、犀锐、坚定的眼睛。在有校长、教师参加的一些辩论会上，她的带有煽动性而又极富应变才能的演说，常常激起全体同学的热情，几乎每句话都引起雷鸣般的掌声，把那些守旧的校长、教师问得瞠目结舌、不知所措。丁玲对她的赞誉的评语是：她像一团烈火，一把利剑，一支无所畏惧、勇猛直前的尖兵。不久王剑虹来到上海，进陈独秀、李达等创办的平民女校，并参加了妇女工作。1921 年 12 月 10 日，中国共产党创办的第一份妇女刊物《妇女声》在上海创刊，王剑虹参加了编辑工作。她还在《妇女声》、《民锋》等刊物上撰写文章。她热忱于社会主义，热忱于妇女解放，热忱于上进求知。1921 年寒假，她回常德，动员丁玲到上海入平民女校，但是，不久她们不满足于在平民女校的学生生活，又双双来到南京。一年多来，两个姑娘节衣缩食，把省下来的钱全买了书。正在她们渴求满足更多的知识欲望的时候，结识了瞿秋白这位良师益友。

瞿秋白极有兴趣地听着她们讲述一年来的东流西荡的生活，以及她们的不切实际的幻想。他鼓励她们到上海大学文学系听课。他保证她们到那里可以自由听课，自由选择，以打消她们猜测上海大学又是第二个平民女校的顾虑。于是，她们来到了上海大学中国文学系。

王剑虹喜欢旧诗旧词，特别喜欢听俞平伯讲的宋词，常常低回婉转地吟诵。瞿秋白在课后经常到她们的住处，教她们学习俄文；有时与施存统夫妇一起同她们到附近的宋教仁公园散步。这时，王剑虹对瞿秋白已经爱得很深，但她把爱情埋藏在心底。瞿秋白也是这样，爱在心里，却拘束了行动。他不常来她们的小屋了，即使来，也多是沉默不语，不像往日那样滔滔不绝地议论风生了，人的自尊心理，有时会把成熟的爱情之果，毁之于一旦，王剑虹忍受不了感情的折磨，她对丁玲说，她准备跟父亲一起回四川酉阳。丁玲问她为什么，她只苦苦一笑："一个人的思想总会有变化的，请你原谅我。"丁玲对女友的这个突然的变化和仓促的决定，事先竟一点儿也没与自己商量，感到意外和不解。正在烦躁时，瞿秋白来访，丁玲对他吼道："我们不学俄文了，你走吧！再也不要来！"他带着惊愕的神气走了。当天，丁玲于无意中，在王剑虹的垫被下边发现了她写的诗句，那诗中燃烧着爱恋之情，完全是献给瞿秋白的："他，

△ 王剑虹和丁玲合影

回自新气的饿乡，本有的潇洒更增新的气质，渊博的才华载回异邦艺术之仓。他的学识、气度、形象，谁不钦羡敬重，但只能偷偷在心底收藏。"丁玲一下子明白了：她在热烈地爱着秋白。她是一个深刻的人，她可以把爱情关在心里，窒死她，也不会显露出来让人议论或讪笑的。丁玲想帮助好友，把她从爱情的痛苦中救援出来，成全这对热恋中的情侣。

瞿秋白住得离学校不远。这里街道不宽，是一排比较西式的楼房。丁玲来到这里，瞿秋白正在同房东夫妇一道吃饭。他看到丁玲，立即起来招呼，他的弟弟云白把她引到楼上一间精致的房间。房里很讲究，一张宽大的弹簧床，三架装满精装的外文书籍的书橱，中间夹杂着几摞线装书。大写字台上，放着几本书和一些稿子、稿本和文房四宝；一盏笼着粉红色纱罩的台灯，把这些零碎的小玩艺儿加了一层温柔的微光。当丁玲正审视房间的陈设时，瞿秋白上楼来，态度仍和平素一样，好像下午丁玲的恶作剧根本没有发生一样。他用有兴趣的、探索的目光，亲切地望着丁玲，试探着说道："你们还是学俄文吧，我一定每天去教。怎么，你一个人来的吗？"丁玲无声地把王剑虹的诗交给他。他退到一边去读，读了很久，才又走过来，用颤抖的声音问道："这是剑虹写的？"丁玲答道："自然是剑虹。你要知道，剑虹是世界上最珍贵的人。你走吧，到我们宿舍去，她在那里。我将留在这里，过两个钟头再回去。秋白！剑虹是我最好的朋友，我不忍心她回老家，她是没有母亲的，你不也是没有母亲的吗？"他曾向她们讲过母亲自尽的事，她们听时都很难过。"你们将是一对最好的爱人，我愿意你们幸福。"

瞿秋白握了一下丁玲的手，说道："我谢谢你。"然后到王剑虹的宿舍去了。当丁玲回到那里的时候，一切都变得美好了，气氛非常温柔和谐，满桌子散乱着他们写的字纸，看来他们是用笔谈话的。瞿秋白要走了，丁玲从墙上取下王剑虹的一张全身像，送给了他。他把像揣在怀里，望了她俩一眼，下楼走了。

不久，1924年1月，他们结婚了。这时上海大学迁到西摩路，他们也迁到了附近的慕尔鸣路。这是一幢两楼两底的弄堂房子。施存统住在楼下统厢房，中间客堂间作餐厅。楼上正房住的是瞿云白，统厢房放着瞿秋白的几架书，王剑虹和瞿秋白住在统厢房后面的一间小房里，丁玲住在过街楼上的小房里。娘姨阿董住在亭子间，为这一大家人做饭、收拾房间、洗衣服。九口之家的生活，全由瞿云白当家。

1月20日，瞿秋白在广州参加国民党"一大"。会议期间，他时刻想念远在上海的王剑虹，几乎每天都要寄回一封用五彩布纹纸写的信，还常夹着诗。

1924 年 1 月 12 日：

……你偏偏爱我，我偏偏爱你　　这是冤家，这是"幸福"。唉！我恨不能插翅飞回吻……

爱恋未必要计较什么幸福不幸福。爱恋生成是先天的……单只为那"一把辛酸泪"，那"惜惜奇气来袭我心"的意味也就应当爱了——这是人间何等高尚的感觉！我现在或者可以算是半个"人"了。

梦可！梦可！我叫你，你听不见，只能多画几个"！！！！"，可怜，可怜啊！

"梦可"是法语"我的心"的音译，瞿秋白称王剑虹为"梦可"，是把她视同宝贵的心，爱得极深。

2 月 16 日：

这两天虽然没有梦，然而我做事时总是做梦似的——时时刻刻晃着你的影子……没有你，我怎能活？以前没有你，不知道怎样过来的，我真不懂了。将来没有你便又怎样呢？我希望我比你先没有……

2 月 28 日：

我苦得很——我自己不得你的命令，实在不会解我的人生问题。我自己承认是"爱之囚奴"，"爱之囚奴"！我算完全被征服了！

人非木石，都有相近的七情六欲，其中包括夫妻情和同志爱。爱情生活中，有欢乐，也会有痛苦。新婚之恋，分离之苦，谁也难免。年轻而多情的瞿秋白在新婚后远别爱人之际，写下这些炽烈如火的爱的文字，是十分正常和健康的感情。

他不仅珍惜自身的爱，而且憧憬人类社会的爱：

我们要一个共同生活相亲相爱的社会，不是要一所机器栈房啊。这一点爱苗是人类将来的希望。

要爱，我们大家都要爱——是不是？

——没有爱便没有生命；谁怕爱，

谁躲避爱，他不是自由人，

他不是自由花魂。

他不仅憧憬着人类社会的爱，而且要以自己的奋斗去争取这爱的实现，这全新世界的早日到来。他在给王剑虹信中所附的一首诗中写道：

万郊怒绿斗寒潮，检点新泥筑旧巢。

我是江南第一燕，为衔春色上云梢。

年轻的革命家满怀豪情地呼唤着光明的未来。他多么希望自己就是一只直射天的青燕，衔碧铺绿，让大地充满生机，把春天带给人间，使古老的中华回春再造。这首小诗，象征着青春，热烈，追求，信心，可以看做是瞿秋白一生奋斗不息、勇往直前的誓言。

→ 击退右派反共逆流

☆☆☆☆☆

（25岁）

在国共合作的热潮中，始终隐伏着一股逆流。国民党内的右派势力顽固地反对孙中山改组国民党，反对吸收共产党人加入国民党结成革命统一战线，实行反帝及反封建的国民革命。

国民党上海执行部青年部秘书、上海大学英国文学系主任何世桢为首的右派二十人，上书孙中山，说："中央执行委员中，颇多共产党及倾向该党之人，以之解决此案，万无正当办法，望我总理念本党数十年缔造之艰难，不容少数人破坏于一旦，毅然主持。"上海的喻育之等八十多名右派致电孙中山，要求"命令共产党员全数退出本党，并予倾向共产党者以严重制裁"。在此期间，上海、北京、武汉、广州、香港、澳门等地右派分子，相继提交"弹劾"共产党的议案达百余件，并印发了反对国共合作的《护党周刊》。广州《民国日报》、《民权旬报》，北京《民生周报》等，也出现了"清党"的叫嚣。国民党中央监察委员会 1924 年提交中央执行委员会的十件议案中，竟有四件是反对国共合作的。

这时，瞿秋白的妻子王剑虹病重。她患的是肺病，她的母亲和姐姐是患肺病死的，瞿秋白患有肺病，不知是谁把这个当时还是不治之症的疾病传染给了她，而婚后的生活又加速了这病的发展。最初医生误诊为怀孕的反应，待到确诊为肺病时已非药物所能救治了。瞿秋白每天回到家中，就在妻子卧病的床边，一面写作，一面照料她。他知道妻子的病的恶化，而这病说不定就是自己传染给她的，更增加了他的痛苦。

他给已离开上海到湖南省亲的丁玲的信中说：“我好像预感到什么不幸。”7月间，王剑虹病危，不久就死去了。这时，她只有21岁。瞿秋白悲痛万分，他把爱妻生前的照片，就是定情之夕由丁玲从墙上取下送给他的那一张照片，从墙上取下来，用白绸巾好好包起。他在照片背后题了一首诗，开头写着：“你的魂儿我的心。”他平时称爱妻为“梦可”——“我的心”；他的心现在死去了，他难过，怨对不起他的心……但是，这时广州的严峻的斗争在等待着他。所以，丧事办完，把爱妻的棺木送往四川会馆，他便束装就道，匆匆赶到了广州。

1924年8月13日，国民党中央政治委员会第五次会议在广州召开。瞿秋白和廖仲恺、胡汉民、汪精卫、伍朝枢、鲍罗廷出席会议，就解决党内纠纷问题进行了原则性的讨论。15日，国民党中央执行委员会全体会议开幕，19、20、21日连续三天讨论弹劾案问题。19日的会议由廖仲恺主持。张继在发言中重述弹劾案的意见，公然主张“分立”。王法勤发言不赞成“在分立论上讨论”。覃振发言支持张继。这时，瞿秋白起立发言，他先从国共两党的指导思想和性质上，说明马克思主义与三民主义是否有合作的可能，说明国民党在组织上有否与共产党合作的必要，然后就弹劾案的核心问题即所谓“党团作用（一致行动）之嫌疑”问题，予以有力驳斥。他说：

既准跨党，便不能无党团之嫌疑。国民党外，既然有一个共产党存在，则国民党内便不能使共产派无一致之行动。况既谓之派，思想言论必有相类之处；既有党外之党，则其一致行动，更无可疑，何待团刊之发现乎？……若其行动有违反宣言及章程之处，则彼辈既以个人资格加入本党，尽可视为本党党员，不论其属于共产派与否，概以来党之纪律绳之。……若此会议决分立，大可谓共产派之发展足以侵蚀国民党，若不分立，则共产党之发展，即系国民党中一部分之发展，何用疑忌？

监察委员职权只问案由，不宜问共产派与否，应该以纪律为准。

瞿秋白的发言，完全符合国民党第一次全国代表大会宣言和国民党章程，使“左”派深感赞同，右派无从驳辩。8月20日，瞿秋白出席的由孙中山主持召开的中央政治委员会第六次会议，通过了《国民党内之共产派问题》、《中国国民党与世界革命运动之联络问题》两个草案。

孙中山、廖仲恺等左派国民党人和共产党人的良好合作，使国共合作的革命统一战线进一步巩固，于是有讨伐广东反动势力的东征、南征的胜利；有召集国民会议和废除不平等条约运动的发起；有工人运动的复兴，农民运动的勃起；有北伐战争的胜利进军。国共合作大有益于两党的发展壮大，促进了中国人民大革命的高涨。

大革命风暴中

（1924年秋—1927年春）

黄仁事件前后

★★★★★

（25岁）

　　王剑虹病逝，一个活脱脱的富有才华的生命倏然熄灭了。他们的爱情生活是短暂的，但过去这一段火一样的热情，海一样的深情，温柔、光辉、诗意浓厚的恋爱，都是瞿秋白毕生难忘的。往日的酬唱顿然停止，剩下一个人，难免有人去楼空、萧索悲凉之感。然而，人民大众革命斗争的火焰，正在中国大地上燃起，总有一天要形成燎原之势。瞿秋白的悲痛，也被日日夜夜紧张奋斗的激情冲淡了。

　　1924年10月初瞿秋白回到上海大学不久，上海各界三十多个团体正在筹备国庆纪念大会，10月10日，天气极好。清晨，上海大学学生会负责人杨之华和几位同学，邀请瞿秋白到河南路桥北面天后宫参加大会。他们先到半淞园去散步，然后再去参加上午10点召开的大会。当他们登上电车后，得到报告：租界当局勾结国民党右派、无政府主义派，收买了地痞流氓，准备捣乱今天的大会。同学们当即要瞿秋白暂时回家，他们先到会场去看看动静再说。瞿秋白下车，回家工作。

　　这时正值江浙战争爆发，江苏军阀齐燮元和浙江军阀卢永祥火并。控制会议的国民党右派喻育之、童理章主张助卢倒齐，遭到与会进步学生的反对，他们发表演讲，反对一切军阀，反对一切帝国主义，竟被诬为"奸细"。上海大学学生黄仁鼓掌赞成反帝反军阀的演讲，竟被右派收买的暴徒殴打，从七尺高的台上推下，跌落台下石头上面，顿时口鼻流血，不省人事。警察竟将黄仁等受伤同学关闭起来，而任凶手走脱。杨之华等人急忙将黄仁救出，送往同仁医院救治，院方以伤势过重，拒不收留，又送往宝隆医院。这时又得到消息：租界当局要采取恐怖手段镇压共产党人，瞿秋白的处境也很危险。

黄仁送到医院时苏醒过来，但鼻出黄水，呕饭溺血，惨不忍睹。医生说，伤及脑部，已难医治。当晚，党组织派杨之华等同学到医院看护黄仁。午夜过后，瞿秋白来看视黄仁，杨之华把医生的意见告诉他。他俯下身来，抚摸着黄仁的额角，小心地揭开被子，轻轻地呼唤着黄仁的名字。但是，黄仁仍然昏迷不醒，无法答应了。临走时，瞿秋白说，明天清晨就把棺木、寿衣送来。第二天夜间，黄仁呼吸困难，延至 12 日凌晨 2 时气绝。经尸体解剖，证明颅骨已破，脑质损坏，内脏多处受伤，确为因伤毙命。

当天，瞿秋白根据中共中央指示，组织反对国民党右派暴行的行动委员会，指挥全上海人民起来抗议这种暴行。10 月 27 日，在上海大学举行黄仁烈士追悼大会，到会人数众多。瞿秋白、沈玄庐、恽代英等及各公团代表，都发表了演说。会议进行了三个小时。

▷ 上海大学《职教员一览表》。表载：（姓名）瞿秋白，（籍贯）江苏，（经历）俄国莫斯科东方大学陆军学院汉文系教授，（入校年月）十二年秋季，（职务）社会学系主任。

黄仁被害事件,影响所及,使上海大学社会学系的共产党员、左派国民党人与英国文学系的国民党右派之间的斗争激化起来。社会学系学生反对英国文学系主任、右派何世桢,英国文学系学生反对社会学系主任瞿秋白。结果,何世桢和瞿秋白双双辞去系主任职务。此后,瞿秋白仍然常来上海大学讲课。在国民党上海执行部,共产党人毛泽东、恽代英、施存统、沈泽民、邓中夏、杨之华等联名上书孙中山,指斥叶楚伧"主持不力,(对右派)迹近纵容"。在《民国日报》编辑部,反击右派叶楚伧等人的斗争也很激烈。瞿秋白上书孙中山,指出上海《民国日报》"言论诧异",要求改组,孙中山把瞿秋白来书批交国民党中央执行委员会讨论。革命力量在《民国日报》逐渐占据优势,迫使右派领袖叶楚伧退出报社。

 ## 同志·战友·妻子

★★★★★

（25岁）

1924年11月18日,瞿秋白第二次结婚,爱人是他的学生和战友杨之华。

杨之华又名小华、杏花,别名文君、文尹、杜宁,浙江省萧山县人,1901年生于萧山县坎山街三岔路村。在这个小镇上,杨家曾经是当地首富,地中之外兼营米丝生意,后来家道虽然衰落,但在乡里仍然有些地位。杨之华幼时聪敏好学,性格温柔,又有超群的美貌,家人亲友宠爱地叫她"小猫姑娘"。这位小姑娘却很有个性,很有同情心。家中长辈一向重男轻女,哥哥们可以在专门为他们办的家塾读书,却不许女儿读书。杨之华常常躲在书房门外偷听塾师授课。塾师见她好学,便请求家长允许,让她与男孩一起读书。那时,女子缠足,是天经地义,杨之华屡次反抗，终于使母亲让步。五四运动前后，杨之华冲破封建藩篱，来到杭州浙江女子师范学校求学，深受新文化运动的熏陶。从杭州回到家里，她毅然剪掉长发，还下水游泳，上街骑自行车，一时轰动，传为奇闻。1920年她与沈剑龙结婚，去夫家时只穿一套粉红色衣服，既不坐轿也不带嫁妆，不请酒设宴。当时，她听说上海《星期评论》社要组织一批青年至苏俄去学习，便只身来到上海，结果没有去成，留在《星期评论》社工作。1921年，当时还是共产党人的沈玄庐在萧山县衙前镇与当地农民领袖李成虎一起组织农民协会，开展农民运动。为了促进农民运动的发展，沈玄庐仿效党在城市中从办工人夜校入手开展工人运动的方法，邀请宣中华、徐白民、杨之华等人，兴办衙前农民小学，实际上成为发动和团结衙前农民的活动中心。萧山农民运动，1921年秋冬达到高潮，掀开了中国新型的农民运动史的第一页。杨之华在农民运动中受到教育，不久就参加了社会主义青年团。

1923年底，杨之华报考上海大学，录取后在社会学系学习。她学习刻苦，追求真理，并积极参加社会活动。国共合作中，她被派往国民党上海执行部青年妇女部工作。在那里，她认识了向警予。中共中央妇女部长向警予担任该部助理，杨之华和张琴秋、王一知等人协助她工作。杨之华最初认识瞿秋白，仅仅是在课堂上。平时，瞿秋白严肃沉静，不苟言笑。因此，有人说他是"骄傲的"、"冷酷的"。不久，在鲍罗廷家中的一次会见，使她对他有了新的认识。

有一天，苏联顾问鲍罗廷夫妇要了解上海妇女运动的情况。向警予因事离沪，上海大学社会主义青年团支部通知杨之华到鲍罗廷那里去汇报。她到了那里时，意外地遇见了瞿秋白，原来忐忑不安的心情顿时平静下来。瞿秋白担任她们谈话的翻译，在他的帮助下，她顺利完成了汇报任务。她后来说："从这次工作接触后，我觉得他很诚恳，很愿意帮助别人。他不但不骄傲，而是很谦虚；不但不冷酷，而是很热情。他的热情，不是浮在表面，而是蕴藏在内心，只有当人们和他在一起工作时，才能深切感觉到这种热情的力量。"不久，在向警予、瞿秋白的帮助下，杨之华加入了中国共产党，她的入党介绍人就是瞿秋白。

杨之华的第一次婚姻是由家庭包办的。杨、沈两家是世交，杨之华和沈剑龙在幼年时，便由双方的家长杨父杨羹梅和沈父沈玄庐定了亲。结婚时，沈剑龙还在学校念书。表面上看，沈剑龙俊俏聪明，但实际上是个贪图色欲、不求进步的花花公子，连他父亲也不满意这个放荡的儿子。沈玄庐支持杨之华到上海求学。沈玄庐与邵力子也是世交，杨之华到上海，常常住在邵家，她的女儿沈晓光就是住在邵家生的。沈剑龙在杨之华去上海大学求学期间，生活堕落，在家乡愈发闹得不像样子。杨之华写给他的大量信件，他连看也不看，气得沈玄庐把这些信寄回给杨之华，说他儿子根本没有看。从生活方式到思想境界，这一对夫妻，从结婚的那一天起，就出现了裂痕，并且分歧越来越大，最后到了不得不分离的地步。杨之华把女儿的名字改为独伊，意思是只生这一个，以此表明她对沈剑龙的怨恨和决裂。杨之华要求与沈剑龙离婚，得到了沈玄庐的支持。

瞿秋白和杨之华的超乎寻常的结合，引起了一些人，包括某些自己同志的不理解，甚至于非议。瞿秋白的心情很苦恼。他在这时写了十几封信，寄给在北京的丁玲，几乎每一封信都责骂自己，说他对不起王剑虹，还说，什么人都不配批评他，只有天上的梦可（王剑虹）才有资格批评他。这一束像谜似的、使人费解的信，表达了他的内心的烦恼和惶惑，反映了一个人性格上、心理上的矛盾状态。

◁ 1924年底瞿秋白与杨之华在上海合影

杨之华离开沈剑龙后，沈家从此不许她再来见女儿独伊。杨之华思女心切，渴望一见。瞿秋白非常理解她，热情地给予安慰，并于1925年初帮她抽空回乡探望。她避开沈家人，偷偷地见了女儿一面，又匆匆而别。回到上海，杨之华仍对女儿思念不已。瞿秋白想尽一切方法为她解忧。后来，杨之华的母亲设法接独伊到外婆家来玩儿，然后把她送到了上海。母女终于团聚。

 # 革命的北伐观

★★★★★

（27—28岁）

1926年1月，国民党"二大"确定了北伐的方针。7月1日，广东国民政府发布北伐宣言。9日，国民革命军正式出师北伐，第四、七、八三个军陆续向湖南前线集中。7月12日，北伐军进入长沙。

1926年8月，国共两党拟议的联席会议，准备在广州开会。中共中央派张国焘、瞿秋白、谭平山出席会议离开上海之前，瞿秋白在一次谈话中，对于北伐战争中的一些问题发表了意见。8月7日，临到起程前夕，瞿秋白把谈话整理成文，题作《北伐的革命战争之意义》，送给当时中央的机关刊物《向导》要求发表，被搁置不用。这篇文章比较全面地论述了中国社会各阶级对于北伐战争的态度，含蓄地并且善意地批评了陈独秀反对北伐、放弃无产阶级领导权的错误。

1926年10月10日，武汉被北伐的国民革命军第四、七军攻占。武汉大捷使一切革命党人和广大人民群众，感到无比的振奋。11月，鲍罗廷、宋庆龄、陈友仁、孙科、宋子文、徐谦等到武汉考察，为迁都作准备。12月13日，在武汉成立国民党中央执行委员会及国民政府委员会临时联席会议，代行国民党中央党部和国民政府职权。1927年1月1日正式办公。但是，曾经力主迁都武汉的蒋介石，这时却提出迁都南昌。武汉的共产党人、国民党左派和人民群众同蒋介石的行径进行了坚决斗争，使其改迁阴谋未能得逞。2月21日，中央临时联席会议宣布结束，国民政府在武汉正式办公。3月上旬，国民政府代主席谭延闿和一部分中央委员由南昌到达武汉。

1927年3月间，当瞿秋白踏上江汉码头的时候，距他第一次来武汉已经整整过去十个年头了。旧地重游，时势剧变，已有天翻地覆之感。作为国民政府和中央党部的所在地，武汉俨然成为革命的中心地。正在起程返国的左派领袖、文质彬彬而又高唱革命的汪精卫和他的拥护者们，似乎与长江下游的杀机毕露、摧残革命的蒋介石派形成了明显的尖锐的对垒，以致中共中央机关也准备从上海迁到武汉，并将在这里举行党的第五次全国代表大会。瞿秋白先期到达这里，为的是就地参与指导五次大会的筹备工作。不久，约在4月间，他担任了中共中央宣传部长，主持党的宣传鼓动工作。

这时，瞿秋白同陈独秀、彭述之的分歧和争论逐渐表面化。为了有准备地进行这场不可避免的争论，从1927年2月开始，瞿秋白带病整理了他从1923年到1926年间所写的政治理论文章，和一部分文艺杂著，共约130篇，编成《瞿秋白论文集》，内分八类：中国国民革命的问题；帝国主义与中国；买办阶级之统治；国民会议与五卅运动；北京屠杀后国民革命之前途；世界社会革命的问题；马克思列宁主义的理论问题；赤化漫谈。这是对四年来理论工作的自我回顾。依据共产国际第七次全会决议，在回顾和总结过去理论工作的基础上，瞿秋白开始撰写批评陈独秀、彭述之右倾错误的小册子《中国革命中之争论问题》，全文约七万六千字，然后携往武汉，油印成册，准备提交中共第五次全国代表大会讨论。

在上海的陈独秀，执行共产国际对蒋介石缓和、实行"蒋汪合作"的政策，在蒋介石即将大肆杀共产党人的严峻时刻，于4月5日同从国外返抵上海的汪精卫发表了联合宣言，为蒋介石涂脂抹粉，客观上帮助蒋介石解除了共产党和革命群众的思想武装。在陈独秀从上海到武汉之前，蒋介石已经在4月12日向共产党人和革命群众开刀了。上海屠杀发生后，在一次有罗易、维经斯基和张国焘参加的会谈中，瞿秋白以愤怒的语气，指出中共中央存在着严重的危机：武汉的共产党人和革命者积极反蒋，中央却对蒋介石抱有幻想，因而招致四·一二的严重打击；广东的党组织早已主张土地革命，中央却不赞成，这些都是丧失中央领导威信的严重危机。但是这种危机是被人（指维经斯基）掩盖了，远在莫斯科的共产国际因而无法知道详情，也压抑了党内的自我批评。这些话主要是针对陈独秀、彭述之而言，也连带指责了维经斯基。在党内，以瞿秋白为代表，一些同志开始认识到中央领导的右倾错误，并开始要求改变右倾错误的指导。

4月中旬，陈独秀抵达汉口。下旬，中央召开预备会议，就第五次代表大会日程、报告和会务机构等进行讨论。在讨论党的工作总结时，对中山舰事件、整理党务案、四·一二事变等重大事件中党的指导方针，发生了争论。陈独秀的得力助手彭述之，处处维护陈独秀的家长之尊，为过去的退让妥协错误进行辩解，同时挟陈以自重，动辄说："老先生（指陈独秀）的意见同我一般。"在他看来，中国共产党的领袖除了陈独秀以外，非他莫属。因此，在党中央领导层中，与右倾错误进行斗争，并不是轻而易举的事。预备会议没有结果，瞿秋白心情很沉重。他预感到问题不易解决，但这一场斗争必须坚持到底：

我将我对于党的意见，亦许是大家不能和我一致的，完完全全地说出来。我肯定地说：我们的党是有病。凡是有病的人，如果讳疾忌医，非死不可。而我们党的第一种病，便是讳疾忌医。

斩首是中国皇帝的东方文化，是中国的家常便饭。

但是我要做一个布尔塞维克，我将服从真正列宁主义的纪律，我可不怕皇帝制度（Bogdyhanism）的斩首。我敢说：中国共产党内有派别，有机会主义。

如果再不明白公开地揭发出来，群众和革命要抛弃我们了。我们不能看党的面子，比革命还重。一切为革命的胜利！

瞿秋白正是抱着这种捍卫真理的精神，参加党的第五次全国代表大会。

1927年4月27日至5月9日，中国共产党第五次全国代表大会在武汉召开。开幕式在武昌第一小学校举行后，第二天便移到汉口的黄陂会馆。在开幕式上，陈独秀担任会议主席。共产国际代表致祝词，徐谦代表国民党中央致祝词，国民党要人谭延闿、孙科等与会表示祝贺。过了几天，汪精卫也专程到大会发表了演说，受到热烈的欢迎。

第二天开会的时候，在每个代表的座位上放着一本小册子——《中国革命中之争论问题》，扉页上印着副标题：《第三国际还是第零国际？——中国革命史中之孟塞维克主义》。代表们看到这醒目而尖锐的标题，发出了会意的笑声、议论声，会场出现了活跃的气氛。坐在杨之华身边的恽代英，戴着一副白丝边眼镜，一边笑，一边对杨之华说："这个标题写得好，写得尖锐。问题也提得明确：中国革命么？谁革谁的命？谁能领导革命？如何去争领导权？领导的人怎样？问得实在好！"

这本小册子，表达了中国共产党人坚持马克思列宁主义的意愿，反对右倾妥协的呼声。它系统地论述了中国革命的任务、性质、前途、动力、领导权、统一战线等根本问题，尖锐地批评了彭述之以及共产国际代表维经斯基为代表的右倾退让错误。

瞿秋白在《中国革命中之争论问题》中，最后指出：我们的党已经是群众的了。我们党一定能克服并消灭彭述之主义。否则，第三国际不能容纳如此之孟塞维克病的共产党，第二半国际早已因同病而死了，第二国际因为中国革命反对其主人，虽同主义而不敢要，第四国际也许因为我们得苏联之助而反对。如此，我们只好准备加入第零国际罢！

由于受制于共产国际和联共（布）中央，党的全国代表大会这样的最高权力机构，都无法彻底解决党的领导人的错误，那么，他们在错误的道路上，势必越走越远，终于断送了轰轰烈烈的大革命运动。

转折关头

(1927年夏—1928年初)

退让，还是进攻

★★★★☆

（28岁）

1927年5月9日结束的中共第五次代表大会，选举产生了由二十九人组成的中央委员会，瞿秋白、杨之华都当选。中央政治局由七人组成：陈独秀、瞿秋白、张国焘、蔡和森、李立三、李维汉、谭平山。6月3日，瞿秋白补入政治局常务委员会，其他四人是陈独秀、张国焘、蔡和森、李维汉。

中共"五大"决议中提出解决农民土地问题，同时又有保障小资产阶级利益，不分小地主和革命军人土地的规定。既要同国民党保持统一战线，又要进行土地革命，这是颇为矛盾的政策。汪精卫利用了这种矛盾，施展其两面派的阴谋。他表面高谈解决土地问题，实际却以国民党中央执行委员会名义发布一系列训令，指责工农运动"过火"，限制工农运动，反对土地革命。

5月13日，驻防武汉上游宜昌的独立第十四师师长夏斗寅，经蒋介石策动，通电联蒋反共，率部东下。17日占领汀泗桥，19日进至武昌附近，武汉大震。叶挺奉命率军与夏军激战，几天后进驻汀泗桥，解武昌之围。18日那天，在叶部已开赴前线而又胜负未卜之时，人心惶惶。当天晚上，沈雁冰为打听前线消息，去找瞿秋白。"那时已过后半夜了，见到秋白正与陈公博对酌，他们也在等叶挺的消息，但陈公博是借酒浇愁，而秋白则沉着肃穆；秋白坚信叶挺出阵必胜，但也考虑到，如果相持的日子多了，武汉不能无军队拱卫，也考虑是否从河南前线抽调第四军回来。一直等到天亮，胜利的消息终于来了，大家才松了一口气。"

6月5日,汪精卫解除鲍罗廷的国民政府顾问职务。6月10日,汪精卫、顾孟余、孙科等与冯玉祥举行郑州会议,酝酿了武汉的"分共"和蒋汪的合流。19日,冯玉祥又与蒋介石、李宗仁等举行徐州会议。决定冯蒋共同对奉系军阀作战,并由冯电促武汉政府反共,要求汪蒋合作。随后,冯玉祥在他的军队中和他所管辖的地区开始遣送共产党人离军和出境。中共中央对冯玉祥的幻想也破灭了。但是,为了讨好汪精卫,鲍罗廷、陈独秀仍然以压制工农运动、屈从汪精卫为工作指导方针。6月28日,中共中央借口避免给反动军官以反共的借口,决定解散武汉工人纠察队。6月29日,三十五军军长何键发布了反共训令,要武汉国民党中央和唐生智明令与共产党分离。汪精卫集团的叛变已为既成事实,陈独秀还要向汪精卫让步。6月底,中共中央在武昌举行扩大会议,陈独秀在报告中坚持退让方针,仍旧寻求方法与汪精卫集团合作下去。7月4日,中共中央举行常委扩大会议,讨论农村革命力量出路问题。陈独秀认为当兵最好,国民革命军招兵时农协会员可以应征入伍,以使革命力量隐蔽到国民党"左"派队伍中去;毛泽东、蔡和森则主张上山,造成军事势力的基础。陈独秀最后同意上山。但是,会议的参加者在讨论对付湖南何键反共事变的方针时,仍然一致坚持联唐反蒋的政策。然而,种种退让都不能拉住汪精卫,而是更加助长了汪精卫集团的叛变活动。7月14日晚,汪精卫召开秘密会议,确定了"分共"的计划,15日召集"分共会议",正式宣布和共产党决裂。26日,免去各机关中共党员的职务。不久,就在武汉地区疯狂地进行大屠杀。中国第一次大革命就这样失败了。

瞿秋白是一介书生,论文著书,倚马可待,当时,在中国共产党内还没有几个人能够超出他之上的。在大革命的高潮中,作为一个理论家、宣传家,乃至革命教育家,瞿秋白的才智洋溢,绰有余裕;但是作为政治家,特别是作为政治领袖,则嫌大不足。在纷扰复杂、纵横捭阖的政治斗争的旋涡中,他还缺乏临危不乱、遇变不惊、随机处置、举措适当的气魄和能力,而容易产生犹豫、摇摆,甚至举措失当。应该说,他的这个弱点,在他一生中,都没有完全克服掉,不能不是他终生引以为憾的事。

从南昌起义到八七会议

★★★★

（28岁）

大革命失败了，国民党与共产党分道扬镳了，但革命还要继续进行下去。领导革命的重任，落在中国共产党人的身上。

1927年7月10日前后，共产国际指令改组中共中央的领导，组成临时中央政治局常委会，停止了陈独秀、彭述之等人在中央的领导工作。常委会由张国焘、周恩来、张太雷、李维汉、李立三组成，后来又加入了瞿秋白。最初在常委中何以没有瞿秋白？这是一个令人费解的问题。鲍罗廷在传达共产国际改组中共中央领导的指示时，曾经提议让陈独秀、谭平山去莫斯科，瞿秋白、蔡和森赴海参崴办党校。因此，在中共中央发表的政局宣言，公开地揭露汪精卫集团的反革命叛卖，并命令共产党员退出武汉政府以后，即7月13日后，瞿秋白便与鲍罗廷秘密离开武汉，前往庐山。

临时中央常委会根据共产国际的指示，确定了武装斗争的总方针。7月16日，中央致广东省委的信指出：共产党退出国民政府，但仍留在国民党内；否认国民党中央的分共决定，继续联络下层"左"派，组织革命同盟。同时指示广东省委：张发奎第二方面军所部第四军、十一军已抵江西境；如张部回广东，省委要在政治上、军事上做好准备，支援张军。

中央原定利用张发奎部回师广东之机，在广东发动武装起义。但当四军、十一军开至马回岭、涂家埠一带，二十军开至九江时，张发奎已日益表现右倾，并暗中布置"清共"。驻江西的第五方面军总指挥朱培德所部三、六、九军近三万人，进驻樟树、临川、九江一带，有包围第二方面军的态势。

△ 八一南昌起义总指挥部旧址

这样，奉命赴九江策动张军相机起义的李立三、谭平山、邓中夏等，在抵达九江，了解了事态的变化后，便在 20 日由谭平山召集谈话会，商讨对策。李立三、邓中夏、恽代英、聂荣臻、叶挺参加了会议。与会者一致认为：回师广东起义已不可能，应该抛弃依张之策。建议中央在南昌实行独立的军事行动。21 日，李立三、邓中夏赶赴庐山向瞿秋白汇报。

瞿秋白听过汇报，即刻表示完全赞同九江会议关于在南昌举行起义的建议。当时已知道中央有召集紧急会议的消息，于是九江会议的同志请瞿秋白回汉向中央报告，从速决策。从九江会议到庐山会议，在南昌举行武装起义的计划，初步形成了。

瞿秋白回到武汉，参加了7月25日召开的中央常委扩大会议，参加会议的有张国焘、周恩来、张太雷、李维汉、罗明纳兹等人。会议讨论并同意了瞿秋白带回的九江、庐山会议的关于在南昌举事的提案，决定改变对张发奎的态度。

8月1日，南昌起义终于实现。从这一天开始，中国共产党独立地领导自己的武装力量，同中国的反革命武装进行战斗了。

武汉的形势，一天比一天严峻。7月29日，汉口全市戒严，湖北省总工会被解散，《工人日报》被勒令停刊。30日，何键在汉口大肆逮捕共产党，仅市党部被捕者即达百余人，重要人员都被枪杀。8月3日，武汉国民党中央下令各军制裁共产党。5日，武汉卫戍司令李品仙布告，宣布共产党"罪状"，大肆逮捕共产党员，枪杀多人。8月7日，汪精卫在国民党湖北特委会临时宣传大会上发表演说，叫嚣要和共产党决一死战。第二天，武汉国民党中央执行委员会决定清查共产党办法，规定：著名的共产党人，应由军警严重监视，如有"反革命"行为，应即拿办；有共产党嫌疑者，三日内登报声明反共；既不退出，又不声明脱离共产党者，以"反革命"论。武汉地区已经是一片白色恐怖了。

中国革命处于极大的震荡和分化时期，中国共产党面临着建党以来最严重的危机关头。为了总结大革命失败的经验教训，确定新的方针，临时中央根据共产国际的指示，决定召开紧急会议。

原先打算多通知一些同志到会，可是由于时局紧张，交通阻隔，不但北方、上海、广东等地代表来不及召集，就是江西代表虽经通知也无法到会。直到8月7日，出席会议的人仍不能到齐，中央委员不过半数。在这种情况下，就只好召集在武汉的中央委员、监察委员、共青团中央委员及湖北、湖南、上海（新任书记邓中夏尚未去上海）的负责人开会。

会议第一项议程，由罗明纳兹作报告。他首先指出召开中央紧急会议的重要性和迫切性，他说："中国共产党的指导错得太远了。不召集此会来纠正则 CP 将不成其为 CP 了。"然后，他就告党员书草案的主要内容作了长篇发言，其内容包括：阶级斗争和国民革命；工人问题；农民问题；对国民党的关系问题；对共产国际的关系问题。由于他的报告很长，而且他讲一段，瞿秋白替他翻译一段，几乎用完了上午的全部时间。

△ 张太雷参加共产国际"三大"期间的照片

午饭后，代表们就罗明纳兹的报告进行讨论。毛泽东、邓中夏、蔡和森、罗亦农、任弼时、李子芬、彭公达、瞿秋白相继发表了意见。一致表示拥护国际代表的报告，同意改组中央领导机构，都着重揭发和批评了以陈独秀为代表的右倾错误。毛泽东在发言中，提出了"须知政权是由枪杆子中取得的"的著名论断。

讨论以后，国际代表罗明纳兹作结论。他就鲍罗廷、罗易、维经斯基的错误问题、领导机关的工人成分问题、目前形势的估计问题和民族革命中的几个矛盾问题，发表了结论性的意见。随后，瞿秋白宣读告党员书，代表们原则上一致通过，并决定由瞿秋白、李维汉、苏兆征三人组织委员会进行文字修改。

会议的第二项议程，由瞿秋白代表中央常委作党的新任务的报告。报告中指出，当前摆在我们面前的只有我们包办国民党或国民党消灭我们这两条路。过去，党的领导机关犯了错误，现在党不能再以退让手段来争得民权，是要以革命方法来争得民权。

会议的最后议程是选举中共中央临时政治局。当选政治局委员九人：瞿秋白、苏兆征、向忠发、罗亦农、顾顺章、王荷波、李维汉、彭湃、任弼时。政治局候补委员七人：邓中夏、周恩来、毛泽东、彭公达、张太雷、张国焘、李立三。

八七会议是中国共产党在大革命失败后召开的一次十分重要的会议。这次会议虽然不是一次正式的中央全会，但它在实质上执行了中央全会在政治上、组织上的职权。

八七会议是中国共产党历史上的一个重要转折点，它在中国革命的危急关头，坚决地纠正和结束了陈独秀的错误，确定了土地革命和武装反抗国民党反动派的总方针。

八七会议也有缺点和不足。在政治上不认为当时应当根据各地不同情况，组织正确的反攻和必要的策略上的退却，而过分强调了进攻，因而助长了冒险主义和命令主义的倾向。在军事上对武装反抗国民党的态度是坚决的，但对战争和战略问题以及具体的军事问题缺少研究和指导。在组织上，开始了过火的党内斗争，不适当地强调了领导干部的单纯的工人成分的意义等。罗明纳兹作为共产国际代表，认为中国革命是"不断高涨"，更加助长了党内小资产阶级的冲动，助长了党内"左"倾情绪，特别是影响到中共中央领导人瞿秋白等，导致了"左"倾盲动的错误。

 # "左"倾盲动错误

★★★★★

（28—29岁）

9月20日以后，瞿秋白和郑超麟一起由武汉乘轮船返上海。杨之华暂留武汉数日，处理善后事宜。在船上，两个人住在官舱里，船上熟人很少，平平安安地到达了上海。陈独秀没有参加八七会议，这是共产国际的意见，仍然要他去莫斯科。八七会议后，瞿秋白和李维汉曾经来到汉口前花楼陈独秀的住所，把会议的情况告诉他，并劝他接受共产国际的要求，到莫斯科去。陈独秀坚持不去，表示他的错误共产国际有责任，瞿秋白到达上海二三日内，又与李维汉同去看望陈独秀，对他仍旧很恭敬，劝他去共产国际，但陈独秀仍然坚持不去。

八七会议精神，通过各种秘密渠道迅速地传到了全党。从1927年秋冬到1928年初，各地党组织先后发动了武装暴动。

以瞿秋白为首的中共中央的主要工作都是围绕实现全国总暴动这个总的策略来进行的。11月扩大会议后，中央领导人于当月制订《中央工作计划》，积极推行盲动政策。中央先后布置了广州、上海、武汉、天津、长沙等大城市举行"总罢工""总暴动"的计划，布置两湖、江苏、浙江等省的"工农总暴动"。先后发动了宜兴、无锡的农民起义，以及上海起义、武汉起义、顺直大暴动（实际上仅仅是玉田等县的暴动）。由于缺乏群众基础，组织不善，匆忙发动，特别是由于敌我力量悬殊，这些暴动都失败了。

应该指出，即使在犯"左"倾盲动错误的时候，瞿秋白也仍旧在探索中国革命的道路，并且提出了有益的见解。他在这前后提出要发展游击战争、建立革命根据地、发展工农红军等。正是这些正确的见解，使他能够及时地发现和纠正了"左"倾盲动错误。

1928年2月25日，共产国际执行委员会召开了第九次扩大会议，通过了苏联及中国共产党代表团、斯大林、布哈林等所提出的《关于中国问题的决议案》。尽管它还存在着某些重大的错误（如说革命正走向新的高潮；继续混淆大资产阶级和中等资产阶级的区别；城市中心思想；缺乏自我批评，等等），但就纠正"左"倾盲动错误来说，这个决议案起了积极作用。3、4月间，共产国际决议到达中国，临时中央政治局常委开了会，一致表示拥护共产国际的决定，并且作了自我批评。会后，于4月30日，发出《中央通告第四十四号——关于共产国际执委会二月会议中国问题决议案的问题》，并在实践中，在全国范围内基本上结束了"左"倾盲动错误。

第二次赴苏前后

(1928年春—1931年初)

在中共第六次全国代表大会上

★ ★ ★ ★

（29岁）

1928年4月底，瞿秋白离沪赴苏。1928年的春天，天气乍暖还寒，令人捉摸不定。革命运动中的盲动政策停止执行了，但是，革命究竟怎样进行下去，这对于中国共产党以及领导中国支部的共产国际领导机关来说，都还有进一步探索和检讨的必要。

中国共产党第六次代表大会，自然地提到日程上来了。4月29日，一夜大雨。第二天早晨天空还是阴晦的，下午又下起雨来。瞿秋白化装来到码头，登轮起程。船行两天，抵达大连。从这里上陆，转乘南满铁路的火车，经中东铁路，从满洲里秘密出境。于5月中旬抵达莫斯科。

6月中旬，多数代表已经到达。14、15日，召开政治谈话会，一个小范围的准备会议。瞿秋白、周恩来、蔡和森、李立三、王若飞、项英、关向应、向忠发、邓中夏、苏兆征、张国焘等人参加，共产国际代表布哈林也出席了会议。会间讨论了由瞿秋白起草的准备提交大会的政治报告。在6月17日以前，斯大林会见了中共中央领导人瞿秋白、苏兆征、周恩来、邓中夏、李立三等，请他们介绍中国革命斗争的形势和任务，并对中国革命问题发表了意见。在大会进行中，斯大林还会见过大会主席团的中国同志。对于中国革命的形势，斯大林认为处于两个高潮之间，即革命处于低潮而不是高潮，但正在走向高潮。李立三等同志提出：中国各地都在不断发生工人、农民的斗争，革命形势是好的。斯大林不赞成这种乐观的估计，他用红蓝铅笔在纸上画了几条曲线，然后又在曲线的最低点画了几点浪花。这是说，即使是革命处于低潮，也会溅起几朵小小的浪花，切莫把这些浪花看成是高潮。这个生动和贴切的比喻，使多数与会者心悦诚服。

6月17日，周恩来、瞿秋白分别主持了下午和晚间举行的预备会，讨论通过了大会议程，大会主席团、秘书处、代表资格审查委员会的组成和名单。"六大"由共产国际直接指导，布哈林、库西宁、米夫等组成指导委员会，参加大会文件起草以及安排中共领导人选。

18日下午，中共第六次全国代表大会隆重开幕。主席团中有瞿秋白、周恩来、李立三、蔡和森、邓中夏、向忠发等，还有斯大林、布哈林。

从6月19日起，大会开始正式议程。当天，共产国际书记布哈林作了《中国革命与中国共产党的任务》报告，长达九个小时。报告中关于中国革命形势的看法，与斯大林的意见一致。

20日，瞿秋白代表第五届中央委员会作了政治报告。瞿秋白在政治报告中，从理论上正确地阐述了中国革命的性质和任务，论述了无产阶级同资产阶级争夺革命领导权的斗争，批评了右倾机会主义错误。对于"左"倾盲动主义，他进行了自我批评，也希望代表们批评自己。

从21日起，代表们用了七天时间对瞿秋白的政治报告进行了热烈的讨论。批评了陈独秀的右倾错误，也批评了瞿秋白的"左"倾盲动错误。在认真听取代表们批评意见的基础上，6月28日，瞿秋白在全体大会上作了关于政治报告讨论的结论。

在结论中，瞿秋白进一步作了自我批评，深入地剖析了盲动主义和命令主义产生的社会阶级根源和思想理论根源，进一步认识了"左"倾错误的危害。对于会议代表一再提出的陈独秀参加会议的问题，瞿秋白在结论中作了说明：从八七会议以前到十一月会议以后，共产国际一直要陈独秀来莫斯科，但陈独秀始终不肯。我主张他参加扩大会议，后来国际代表罗明纳兹仍要他到这里来，因为开会很危险，而他又不接受国际的意思。至于大革命失败的责任问题，中共中央应负责，而不能诿过于共产国际，还是要怪我们自己。中共中央本身，作为总书记的陈独秀的责任，以及他在中国革命历史上的功过，应该采取实事求是的态度，力求公允。

"六大"的主要决议，即政治决议案是瞿秋白起草的，米夫、布哈林修改过后，瞿秋白又改过。7月9日下午的大会上，瞿秋白逐段宣读政治决议草案，大会代表边进行讨论边作修改之后，全体一致通过。这时全场掌声如雷，欢呼"中国共产党万岁！"并高唱《国际歌》。

在随后的选举中，瞿秋白继续当选为中央委员，并在六届一中全会上当选为中央政治局委员。由于他犯了"左"倾盲动的错误，在选举中得票较少。

中共"六大"闭幕，共产国际第六次代表大会接着在莫斯科召开，从7月17日开到9月1日。在这之前，中共"六大"进行期间，共产国际书记布哈林宣布，共产国际不再向中国派遣常驻代表，改为中共在共产国际设立常驻代表团。中共"六大"结束后，瞿秋白被留在莫斯科，担任中共代表团第一任团长。

⊙→ 莫斯科的生活和工作

★★★★★

（29岁）

9月1日，共产国际"六大"结束。瞿秋白当选为共产国际执行委员会委员。在执委会上又当选为共产国际主席团委员。9月5日，主席团会议产生了政治书记处，瞿秋白与布哈林、库西宁、莫洛托夫等一起担任书记处的成员。

瞿秋白4月底离开上海不久，杨之华也带着7岁的女儿独伊到了莫斯科。

杨之华参加了中共"六大"，并在大会的妇女委员会、农民土地委员会中工作。中共"六大"开过后，她与瞿秋白一起出席了共产国际"六大"。9月，她又和瞿秋白一道随各国代表到苏联南方地区参观，先后游览了巴统（黑海商港）、第比利斯（南高加索工商业中心）、巴库（里海石油区）、罗斯托夫（黑海商港，北高加索铁路中心）、乌法（黑壤农村区）、哈尔科夫（工商业区）等地。他们沿途看到了工厂、农村、军队、文教、妇女、儿童等组织和活动，看到了许多革命胜迹，看到了苏联革命成功后十年的巨大建设成就，感到十分欣慰。

瞿秋白经过两次大会的紧张工作，身体极度虚弱，夜间有时在睡梦中从床上跌落到地板上，但白天仍然支撑着努力工作。即使在

△ 瞿秋白、杨之华、蔡和森与苏联友人合影

南俄之行的旅途中，他仍然反复考虑如何贯彻党的第六次代表大会的精神。9月14日，他在巴库写长信给当时还在莫斯科的周恩来。信中说："技术上的原因使我们不能迅速广泛地传播此次所得教训于广大群众，这实在可恨可恨。"他建议由一些同志作些通俗的宣传"六大"决议的工作。他自己也动笔，撰写宣传"六大"精神的小册子。不久，一本六万字的通俗读物写出来了，书名叫做《中国革命和中国共产党》。开门见山，这书的第一段文字就把读者紧紧抓住了：

一千九百十一年十月十日，武昌起义，打倒清朝皇帝，建立了中华民国，这便是辛亥革命。中华民国虽然成立，但是老百姓的生活依然非常痛苦。辛亥革命，并没有打倒官僚军阀，平民仍旧是受压迫，外国帝国主义和资本家更加剥削中国的工农。这是为什么？说起来，原因很多呢！

瞿秋白用通俗的文字，丰富的知识，清楚的说理，深入浅出地讲解了中国社会历史、中共党史、中国革命历程及其经验和教训，指出了中国共产党当前的任务。这本书后来在莫斯科出版，对于国外读者了解中国革命，作出了有益的贡献。

身在异域，病痛缠绕。接任伊始，他就想到了回国，而他的思绪早已飞回了祖国，飞回到国内同志的身边。他给周恩来的信，说出了这种埋藏得很深的激情："我在俄做国际工作(政治)及理论的工作，本是党的需要，国内工作自然是你们多负责了。但我想不久就要回国的，我又要养病，又要想做许多工作，不知如何是好，要做的事太多了！"

女儿独伊到莫斯科后，送进了一家孤儿院。瞿秋白、杨之华平时很忙，只有周末才有时间去看她。独伊一人，言语不通，有些调皮的苏联男孩看她是黑头发，便把她当做犹太人歧视她。虽然孤儿院院长、一位老布尔什维克待她很好，但她还是时刻都想念爸爸妈妈。每次他们来看她，都使她感到无比的快乐。瞿秋白知道独伊爱吃牛奶渣，每到周末从共产国际机关下班回来路过商店，总要买一些带到孤儿院去给女儿吃。

后来，独伊调到另外一个幼儿园，在离莫斯科较远的一个小城伊凡城。瞿秋白夫妇仍然每逢周末去看她。他们在星期六晚上从莫斯科坐火车，星期日早晨抵达伊凡城，要坐整整一夜的车。他们就在火车上过夜。星期日清晨，一家人见面，分外高兴，痛痛快快地玩上一整天。

△ 杨之华与独伊合影

　　瞿秋白的两次爱情生活，都没有给他带来亲生子女。然而，他不是那种只有狭隘的亲子血缘之爱的人；共产党人博大的襟怀，使他充满了对一切孩子的热爱。对于他所爱之至深的人的女儿，他视同己出，也爱之至深，远远超过了血缘之爱。他在杨之华和独伊或其他人面前，从不使人感到独伊不是他亲生女儿；独伊也从来没有感到爸爸不是自己的亲爸爸，她从未失去父爱。

　　在列宁疗养院，瞿秋白虽在病中，却更加关怀独伊，常常写信给她。

独伊：

　　我画一个你，你在笑。为什么笑呢？

　　因为你想着：

　　你是好爸爸和姆妈两人生出来的。

　　（画独伊牵着一只兔子）

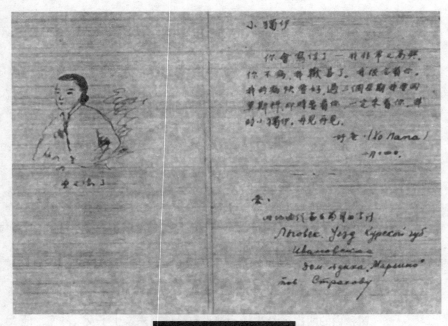

△ 瞿秋白写给女儿独伊的信

小独伊:

　　你会写信了——我非常之高兴。你不病,我欢喜了。我很念着你。我的病快要好;过三个星期我要回莫斯科,那时要来看你,一定来看你。我的小独伊。再见,再见。

好爸爸
二月十四日

　　喜悦与关怀交织成的这封短信,饱含着多少温暖亲切的父女之情啊!

　　独伊所在的森林学校是苏联政府为病弱儿童办的儿童学校。校中讲究卫生,规定无论男孩女孩一律要剃光头。独伊的头发自然也剃光了。女孩子剃光头,不是一件令人愉快的事。瞿秋白知道后,立即给独伊写了一封很有风趣的信,安慰女儿。

独伊:

　　我的好独伊。你的头发都剪了，都剃了吗?

　　哈哈，独伊成了小和尚了。

　　好爸爸的头发长长了，却不是大和尚了。

　　你会不会写俄文信呢?

　　你要听先生的话，要听妈妈的话，要和同学要好，我喜欢你，乖乖的小独伊，小和尚。

好

爸爸

　　不久，瞿秋白又给女儿寄去了一封短信，信下附了他滑雪的画。

独伊:

　　你为什么要哭? 你看好爸爸滑雪了!

好爸爸

　　父亲很了解女儿的心理，信中充满了慈父的热爱和关怀。收到这些来信，独伊从他那里感到了无限的温暖，更加安心地学习了。

 # 中山大学风潮

★★★★★

（30岁）

　　莫斯科中山大学，是苏联党和政府为国共合作时期的中国国民党培养革命人才而设立的学校，1925年11月开学。学生有国民党员，也有共产党员。第一任校长拉狄克，1927年夏因与托洛茨基同伙而被解除校长职务，由教务主任阿古尔代理校长。副校长米夫这年只有27岁，年轻气浮，装腔作势，在学生中普遍地不得人心。但他在半年以后，1928年3

月却当上了共产国际东方部副部长。中山大学的一个安徽籍学生陈绍禹（即王明），1925 年入学，学业不错，会说一口流畅的俄语，善于辞令，深得米夫赏识。1927 年 2 月，联共中央派米夫率领一个宣传工作者小组访问中国，曾到广州、武汉和上海。小组由中共中央委托宣讲如何开展群众宣传工作和党的建设工作，并出席了中共第五次代表大会，王明随同米夫作译员。中共第六次代表大会过程中，米夫从东方部和中山大学调了一些人参加会务和翻译工作。王明被米夫安排担任重要译员，参加了斯大林会见中共领导人的谈话。瞿秋白、李立三等向斯大林请教的一些问题，在王明看来，都很可笑。因而他更加目空一切，以马克思主义理论家自许。米夫则散布对中国党的负责人轻视和不信任的话，推崇王明等人，暗示可以提拔他们参加中央领导层。当时虽未得逞，但造成了中国留俄学生中对中共代表团及中央负责人的轻视和不信任。米夫极力吹捧工人出身的向忠发，要他向旅苏留学生发表讲话，反对"江浙同乡会"。六次大会结束后，有的代表没有走，米夫又召集报告会，王明报告了反"江浙同乡会"的斗争。

中山大学的风潮，起始于 1927 年夏季。学年总结时，发生了拥护代理校长的学生和支持支部局的学生之间的分歧，是为教务派与支部派之争。米夫从中国回来后，支持支部派，压制教务派，当了校长。王明等人支持米夫，实际上在学生中很孤立。于是他倚仗米夫的信任，在中山大学进行宗派活动，拉帮结伙，打击异己，标榜自己是百分之百的布尔什维克。同时，捏造谣言，说中山大学有一个"江浙同乡会"的小组织，进行反革命活动。经由米夫操纵的支部局和苏联格伯乌的调查，草率地作出"江浙同乡会"确实存在的结论。王明还别有用心地向在莫斯科的向忠发汇报此事。向忠发不问真相，到中山大学大讲"江浙同乡会"是"反党小组织"。向忠发在中山大学的讲演中，竟威胁要枪毙一些人。事后便有学生被捕、被开除。学生激于义愤，纷纷向各方申诉，引起共产国际的关注。此时，瞿秋白尚在南俄巴库休养。中共代表团与尚在莫斯科的周恩来参与处理此事。在各方的压力下，且正值中共"六大"召开之际，米夫在 6月 26 日在中大党务报告会上宣布"江浙同乡会"已经解散，中大不是它的大本营，应当迅速停止互相猜疑、检举揭发。9 月，瞿秋白回到莫斯科，听取了学生意见。当时还在莫斯科的周恩来曾到学生中间调查，认为不存在"江浙同乡会"。

瞿秋白又派邓中夏、余飞去中山大学调查，与校方发生争执。米夫和由他操纵的、由王明一伙加上几个俄国人组成的支部局，居然不许中共代表团过问这所训练中国学生的学校。中共代表团经共产国际秘书长同意，前往格伯乌机关查阅材料，也遭拒绝。1928年8月15日，中共代表团写信给联共中央政治局，表示了代表团对苏联当局处理"江浙同乡会"的不同意见。同时写信给中共中央，指出在一些江浙籍同学中，对某些问题意见一致，并不是罪过，不能说明他们就是有组织的派别活动。被说成是同乡会"会员"者并非全是江浙籍，"会长"周达明竟是贵州人。1928年秋，经共产国际监察委员会、联共监察委员会和中共代表团联合组成审查委员会审理，作出了并不存在"江浙同乡会"的反动组织的结论。约在这个时候，瞿秋白向库西宁提出撤换米夫的东方部副部长职务的建议。然而，不久米夫却被任命为东方部部长，瞿秋白也被任命为近东部部长。

1929年夏天，王明借中山大学学年总结之机，召开中大党团员大会，攻击中共代表团。瞿秋白派张国焘参加会议。苏共区委书记在会上攻击中共代表团和大多数学生，激起强烈反响，瞿秋白与区委书记会商后，到中大宣读两人的共同声明，平息这次风波。

联共发动反对布哈林右倾的清党运动以后，中山大学掀起了更大的风浪。布哈林右倾的主要罪状是反对全盘集体化，反对消灭富农。瞿秋白在富农问题上，原来和布哈林一致，即强调富农的封建性，但不要故意加紧反对富农。他主持起草制定的"六大"决议中，也有同样的提法。1929年6月间，东方部讨论中国富农问题时，米夫认为中国也应同苏联一样，推行反对和消灭富农的政策，瞿秋白反对，两人反复论辩，相持不下。在张国焘的调和下，瞿秋白勉强地违心地同意米夫提出的《共产国际执委致中共中央关于农民问题的信》(1929年6月7日)。富农问题的争辩，影响很大，瞿秋白被视为以右倾路线与共产国际的正确主张相抗衡。

中山大学的米夫派更加活跃起来，企图把右倾和"左"倾的帽子，一起扣到瞿秋白的头上。

他们在清党的一般讨论阶段，召开大会，发起对瞿秋白和中共代表团的攻击。事先，他们收集和捏造瞿秋白和代表团的"幕后活动的材料"，把自从中共"六大"以来中共代表团及其成员的各种讲话和文件，逐字逐句加以审查，找出可以攻击之点。大会开始后，他们在发言中集中攻击瞿秋白等犯了机会主义错误。米夫派以及参加会议的联共和共产国际的代表一致鼓掌，表示支持这种攻击，以孤立瞿秋白和中共代表团。

中山大学学生瞿景白（瞿秋白三弟），在这次大会以后，一气之下，把他的联共党员党证，退给联共区党委。就在这一天，他"失踪"了。是自杀，还是被捕？当时谁也说不清，也不敢说清楚。

在中山大学特别班学习的杨之华，也因为反对米夫派，受到了严重处分。

联共中央和共产国际公开站在米夫、王明一边，一致肯定中山大学支部局的政治路线，谴责反对派；批评中共代表团，认为瞿秋白应负中山大学反党小组织事件的主要责任。1930 年 6 月，共产国际执委会政治书记处听取米夫等组成的委员会的论证，由米夫作专题报告。会议通过《共产国际执行委员会政治书记处政治委员会关于中共代表团在处理中国劳动者共产主义大学派别斗争的活动问题的决议》，决议宣布共产国际执行委员会以坚决的态度谴责中共代表团，请中共中央以必要限度刷新代表团的成分，并与共产国际商定新的成分。这样，瞿秋白便被解除了驻共产国际代表的职务。

瞿秋白虽然受制于米夫一伙，却以其良好的人际关系和杰出的才华，博得共产国际不少同事的关切和同情。原东方部部长库西宁对瞿秋白表示，他深信瞿秋白是拥护共产国际的，回国后必然与共产国际保持密切的联系。正是基于这种信任，当中国发生李立三冒险行动时，瞿秋白被派回国纠正李立三的错误。

1930 年 6 月，中共中央在李立三主持下召开中央政治局会议，通过由他起草的《新的革命高潮与一省或几省的首先胜利》的决议案，使"左"倾冒险错误统治了中央，形成了"立三路线"。7 月 23 日，共产国际执行委员会针对"立三路线"，通过了关于中国问题的决议（即共产国际七月决议）。瞿秋白、周恩来

（4月间到苏，向共产国际汇报工作，并参加联共第十六次代表大会）参加了决议案的讨论。8月12日、13日，秘密前往武汉观察形势的共产国际远东局负责人，两次向莫斯科报告：武汉驻扎着大量国民党军队，革命力量不过三百多人。共产国际当即决定派瞿秋白、周恩来回国召开三中全会，纠正"立三路线"。

周恩来、瞿秋白先后取道欧洲回国。路经德国柏林时，8月1日，瞿秋白和周恩来一起参加了柏林失业工人示威大会。会后，周恩来先行返国。8月26日，瞿秋白返抵上海。

➡ 从三中全会到四中全会

★★★★★

（31岁）

由于贯彻了"六大"决议，中国革命形势从1929年下半年到1930年上半年有了上升的趋势。中国工农红军力量增强，革命根据地日益扩大，瞿秋白这时著文欢呼"毛泽东红军万岁！"当时任中共中央总书记的向忠发，依靠实际主持中央工作的政治局常委的李立三，竭力贯彻"左"倾冒险政策，在这种好的形势下，便骄傲起来，忘乎所以，企图改变"六大"的正确方针，要实现一省或数省的首先胜利。李立三对于中国革命的前景，有一个十分乐观、十分狂热，但又十分虚幻的估计：预计在武汉、南京暴动胜利后，蒋介石将迁都北京，而苏维埃中央政府将在武汉成立，形成武汉与北京两个政权的对峙局面。与此同时，在北方进行冀鲁豫暴动，推翻北京政府；在东北举行哈尔滨、大连起义，在南方进行广州、香港暴动，引起帝国主义与苏联的战争，实现世界革命。当李立三的六月决议送到莫斯科时，瞿秋白说：李立三简直是发疯了！

李立三的冒险行径，受到远东局代表的批评。远东局代表写信给共产国际，认为中共中央的六月决议是路线错误。李立三则写信给共产国际，要求撤换远东局代表。8月，国际决议，否定了远东局代表关于中共中央六月决议是路线错误的意见，明确指出中共中央的政治路线是正确的，但有个别错误。八月决议和七月决议，内容一致，成为中共三中全会的指导文件。

8月初，中共红军一度攻占长沙，李立三提出"会师武汉，饮马长江"的口号，随即宣布合并党、团、工会组织，组成中央行动委员会，作为领导全国武装暴动的最高指挥机关。

9月24日至28日，在瞿秋白、周恩来主持下，中共六届三中全会在上海举行。周恩来传达了共产国际的七月决议，李立三发言承认了错误，瞿秋白作了政治总结，即《三中全会政治讨论的结论》。全会通过了《中共中央三中全会对于中央政治局报告的决议》和《中共中央全会关于政治状况和党的总任务议决案》，完全接受共产国际的七月决议，指出前一时期的冒险主义倾向的错误，主要是"积极准备武装暴动的任务，没有能够充分地和争取群众的任务密切联系起来。"决议认为"'立三路线'和共产国际的路线是一致的"，但是策略上有错误。三中全会停止了组织全国总起义和集中红军攻打大城市的计划，恢复了党团工作，基本上结束了李立三"左"倾冒险错误。李立三检讨错误，承担责任，远东局对此表示满意。

共产国际远东局同意并支持三中全会决议，认为中共中央的路线与共产国际保持一致。瞿秋白得到远东局信任，实际主持着中央工作。可是，两个月过去，到了11月间，共产国际突然来信，在对"立三路线"错误的估计上发生了质的变化。来信说，"立三路线"错误是策略上是与共产国际路线对立的根本不同的政治路线，并且指责明明是按照共产国际指示的口径去纠正"立三路线"的三中全会，是"调和主义"错误。原来支持瞿秋白和三中全会的远东局，也改变腔调，摆脱干系。11月22日，中共中央政治局开会讨论共产国际十月来信，表示完全接受共产国际指示。

但是，事情没有到此为止。在中共中央收到共产国际十月来信之前，王明已先于中央从 10 月下旬由苏联回国的沈泽民、夏曦、陈昌浩、何克全、李竹声等人那里获知共产国际来信内容，他急忙按照十月来信的调子修改他正在赶写的《两条路线》小册子，改变其原先拥护三中全会的立场，转而疯狂地反对三中全会，标榜他的一贯正确，蓄意在党内制造混乱。小册子说"立三路线""是以'左'倾词句掩盖的右倾机会主义的路线"，要坚持反对"对这一路线采取调和的态度"。在政治上强调反右倾，在组织上提出"改造"各级领导机关。集中攻击三中全会及由瞿秋白主持的中央政治局，指责"维它同志（指瞿秋白——作者注）等在三中全会上，对于'立三路线'采取了调和、投降态度"，三中全会后，又在"实际上继续着'立三路线'"。他狂妄地要求改变中央政治局的领导，他说："现有中央政治局领导同志维它等不能解决目前革命紧急任务，不能领导全党工作。"因此，他提出在党的"七大"召开以前，"由国际负责帮助成立临时的中央的领导机关"，至少要"对政治局的成分应有相当的改变"。

王明及其后台，早已把目光紧紧地盯住了中共中央的领导位置。王明的小册子成了他们夺权的纲领。王明与陈道原、秦邦宪秘密成立宗派小组织，周密策划，以新任远东局书记、共产国际代表为靠山，必欲彻底改造中共中央的领导并取而代之。

11 月，米夫来到中国后，即直接插手中共中央内部事务，迫使瞿秋白等推翻原来所有决议。12 月 14 日，米夫在中共中央政治局会议上，提出要召开四中全会。

1931 年 1 月 7 日，六届四中全会在米夫操纵下于上海秘密召开。有的代表在会前二十分钟接到通知，才知道要开四中全会；有的来到会场还不知道要开什么会。会议从早上 7 时多开到晚上 10 时多。会议批评"立三路线"，批评三中全会"调和路线"；李立三已去莫斯科，瞿秋白便成了残酷斗争、无情打击的主要目标。会议根据米夫的旨意，撤销瞿秋白、李立三政治局委员，而被米夫称之为中国共产主义运动中"最出色"、"最有才华"的领导人的王明等，竟一步登天（先入政治局，后选为中央委员），钻进了中央领导岗位。尽管罗章龙派因未能进入中央领导核心而大闹会场，但米夫、王明夺权的大局已定，不容更改了。向忠发虽然继续担任总书记，但是大权操在王明一伙手里。6月，向忠发被捕叛变，王明代理总书记。是年9月，王明去莫斯科任中共驻共产国际代表，秦邦宪（博古）接任临时中央总负责人。

瞿秋白冷静地从容地对待这一切。他按照中央的要求，在四中全会后向共产国际和中共中央写信，声明自己承担责任，接受"指斥"，说自己的错误是"非常严重的"，是"懦怯的腐朽的机会主义"。2月20日，中共中央政治局作出关于1929—1930年中共中央驻共产国际代表团行动问题决议案，再次谴责瞿秋白。决议竟指责瞿秋白以派别行动来影响李立三中央对王明等的压迫，对共产国际清党动摇，对国际代表极不尊重。瞿秋白欲辩不能，只好再次向中央政治局写了声明书，接受一切指责，说自己陷入了"派别斗争的泥坑"。

虽有失望和痛苦，但是瞿秋白并没有灰心。他了解和热爱这个党和绝大多数的党内的同志，热爱中国亿万的劳苦人民大众。从已经无法工作下去的领导岗位上下来，对他来说，可以说是求之不得的解脱；他可以在别的岗位上为党和人民工作。醉心向往的文学园地，现在终于有时间和精力来耕耘了。从此，开始了他的文学活动的黄金般的辉煌时期。

圣洁的友谊

(1931—1933)

➜ 重逢茅盾话《子夜》

★★★★★

（32 岁）

瞿秋白是党的高级干部，又长期患病未痊愈。王明一伙为了保全自己的面子，笼络群众，不得不发给他一点生活费；但也只是象征性的，仅有十六七元钱。1930—1932 年间，上海工人每月最高工资为五十至九十元，中等工资二三十元，最低工资八元至十五元。这一点生活费，仅能维持瞿秋白夫妇的最低生活需要，连温饱都谈不上，更不要说医病了。这一切，瞿秋白都能克制和忍受；少年时代的清贫生活的磨炼，使他能够适应急剧下降了的物质生活水平。

生活中，免不了要碰到不愉快的事。有一次，杨之华在洗衣服的时候，不知怎么触犯了房东太太，她便指桑骂槐，唠叨个没完。杨之华回到房里生气地对瞿秋白说："连洗衣服的自由也没有！"瞿秋白却微笑着幽默地对她说："就是因为不自由，才闹革命么！"一下子把她的火气消了。还有一次，杨之华看到他身体虚弱，很久没有吃到一点好菜，就托邻居买到一只肥鸡，炖得又香又烂，准备让他吃顿好饭。想不到晾衣时竹竿碰翻了锅。她心疼得不得了，一边收拾一边埋怨他没有帮她晾衣。他马上一声不响地帮她收拾，像哄小孩似的说："算我已经吃了吧，应该高兴么。不要想它了，该读书和翻译了，把你昨天译好的拿给我改。"说得她心也宽了。

三个月过去，到了 4 月下旬。茅盾到大西路两宜里瞿家看望。这天下午，瞿秋白正在伏案写作，杨之华在看书。楼下传来了敲门声，听到房东太太去开门。一个女人的声音问："何先生在家吗?""这里没有姓何的!"房东太大已经不耐烦了。杨之华听出是茅盾夫人孔德沚的声音，连忙下楼，边跑边说："有姓何的!"并对满脸狐疑的房东太太解释说："我娘家姓何。他们是我的朋友。"房东太太扫了客人一眼，回屋去了。孔德沚是和茅盾一起来的。杨之华请他们进房后，悄声告诉他们说："秋白又改名换姓了，不再姓何，改叫林复了。"

原来，1930 年 8 月，瞿秋白由莫斯科归来，听说茅盾已从日本回国，就用暗语写信给开明书店转茅盾，约他会面。瞿秋白改姓何，杨之华改姓林，还留了地址。茅盾和孔德沚去看了他们。瞿秋白对已经远离政治斗争的老友仍然以诚相待，向他概括介绍了革命形势，询问了他在日本的情形，并表示支持他写小说。

叙了家常之后，瞿秋白问茅盾在写什么，茅盾说正在写长篇小说《子夜》，已草成四章，并把前数章的情节告诉他。瞿秋白听后很感兴趣，又问全书的情节。过了几天，一个星期日，茅盾带了《子夜》原稿与各章大纲，和孔德沚一起来到瞿秋白家。瞿秋白兴致极好，文学园地的门扉，终于重新对他开放，即使是看着别人的作品，同作者交流心得，也使他高兴得不得了。

△ 《子夜》书函

《子夜》在 1933 年 2 月出版，成为中国现代文学史上占有极重要地位的作品。同年 3 月，瞿秋白发表《子夜和国货年》，说《子夜》将在 1933 年载入中国现代文学史册，而国民党玩弄的骗人的"国货年"只能"做《子夜》的滑稽陪衬"。因为，中国还在"子夜"中，在"暄红的朝日没有照遍全中国的时候，哪里会有什么真正的国货年"。瞿秋白认为，《子夜》"是中国第一部写实主义的成功的长篇小说"。"应用真正的社会科学，在文艺上表现中国的社会关系和阶级关系，《子夜》不能够不说是很大的成绩。"

在和茅盾交往的过程中，瞿秋白不时问起鲁迅先生。他对这位几乎比他年长二十岁的文坛盟主，早已十分敬佩，却至今未见面。茅盾说，待方便的时候，同他一起去拜访鲁迅。茅盾还谈到"左联"的一些情况。

5 月初，"左联"党团书记冯雪峰到茅盾家来了。他是给茅盾送刚印出的"左联"秘密机关刊物《前哨》的。瞿秋白看了上边刊登鲁迅写的《中国无产阶级革命文学和前驱的血》，高兴地说："写得好，究竟是鲁迅。"冯雪峰是第一次见到瞿秋白。他和茅盾考虑到瞿秋白的安全，最初打算把他安排到北四川路鲁迅的寓所，但又觉得不是长久之计。最后由冯雪峰设法，在南市紫霞路 68 号谢旦如家，为瞿秋白夫妇找到了住房。不久他们便从原来住址搬进了新居。

⊖ "我们是这样亲密的人"

★ ★ ★ ★ ☆

（33岁）

紫霞路的常客是冯雪峰。他每次来找瞿秋白谈工作或取文稿，都带来一些文坛的新的信息。他们的谈话，常常伴着笑声，给这个安静的居室带来了欢愉。他们经常谈到鲁迅。这不仅是因为谈"左联"的工作，必定联系到他，更主要的是瞿秋白十分敬慕鲁迅。他总要问：鲁迅近来好么？鲁迅在写什么？鲁迅对工作有什么意见？冯雪峰见到鲁迅时，也经常谈起瞿秋白，转告瞿秋白对"左联"工作的意见。冯雪峰后来说："在两人没有见面以前，秋白同志已经是一看到我，就是'鲁迅，鲁迅'地谈着鲁迅先生，对他表示着那么热情了。在鲁迅先生也是差不多。"

　　鲁迅早就知道瞿秋白是著名的共产党人，知道他是文学研究会的会员，是一个年轻而有才华的文人。鲁迅从冯雪峰那里知道瞿秋白从事文艺的评著并愿意领导"左联"的活动的时候，很看重瞿秋白的意见。当冯雪峰把瞿秋白谈到的关于鲁迅先生从日本文译本转译的几种马克思主义文艺理论著作的译文的意见，转达给鲁迅的时候，鲁迅并不先回答和解释，而是怕错过机会似的急忙说："我们抓住他！要他从原文多翻译这类作品！"以他的俄文和中文，确是最适宜的了。又说："马克思主义的文艺理论，能够译得精确流畅，现在是最要紧的了。"鲁迅只要有俄文的可介绍的或对研究上有用的材料到手，冯雪峰来时就交给冯雪峰说："你去时带给他（指瞿秋白——笔者）罢！"

　　鲁迅最初交给瞿秋白翻译的书，是苏联作家格拉特柯夫的长篇《新土地》。当时国内很难得到俄文原版书籍。为了防范敌人的查禁和没收，瞿秋白请他的朋友曹靖华从列宁格勒把苏联书籍报刊寄两三份，分批或经西欧寄给鲁迅，然后由鲁迅转给瞿秋白。《新土地》就是这样转到的。1931年下半年，译稿送商务印书馆出版。《新土地》真实地反映了苏联的现实生活，瞿秋白看重它的出版。他写信告诉曹靖华说：当这部书出版的时候，他要亲自写篇序，而这序文只有五个字："并非乌托邦！"可惜，《新土地》书稿，后来在一·二八事变时毁于日军的炮火中。

　　1931年秋，曹靖华把《铁流》译稿寄给鲁迅。曹靖华未及译出涅拉托夫写的序文。鲁迅以为，译本缺乏一篇好的序文，实在有些缺憾。发稿在即，要远在列宁格勒的曹靖华来译已来不及，便托冯雪峰请瞿秋白翻译。瞿秋白欣然同意，把别的事放下，很快把这两万字的序文译出，并将《铁流》一部分译稿与原著校核了一遍。在把译稿送给鲁迅时，瞿秋白写了一封信，这是迄今发现的瞿秋白写给鲁迅的第一封信：

迅、雪：

这篇序是译完了。简直是一篇很好的论普洛（即普罗——作者注）创作的论文。其中所引《铁流》原句只有一半光景是照曹译的，其余，不是曹译不在我手边（在下半部），就是作序者自己更动了些字句，我想，可以不必一致，这是"无关宏旨的"。不过，当我引着下面一段中的几句时，我细把《铁流》原文和曹译对过。

称鲁迅为"迅"、冯雪峰为"雪"，这是多么亲切的称呼！信中的语气，也充满了老朋友一样的亲切感。鲁迅在 1931 年 10 月写《〈铁流〉编校后记》里，告诉读者说："在现状之下，很不容易出一本校好的书，这书虽然仅仅是一种翻译小说，但却是尽三人的微力而成——译的译，补的补，校的校，而又没有一个是存着借此来自己消闲，或乘机哄骗读者的意思的。"看来，瞿秋白和鲁迅虽未曾见面，友谊却已经很深了。

1931 年 11 月间，《毁灭》译本出版。就在这不久，瞿秋白在对照俄文原著校读后，于 12 月 5 日，写了一封长达六千字的长信给鲁迅，欣喜地说：

你译的《毁灭》出版，当然是中国文艺生活里面的极可纪念的事迹。翻译世界无产阶级革命文学的名著，并且有系统的介绍给中国读者……这是中国普罗文学者的重要任务之一。……每一个革命的文学战线上的战士，每一个革命的读者，应当庆祝这一个胜利；虽然这还只是小小的胜利。

鲁迅收到这封热情真诚的长信以后，十分高兴。他把这信送到《十字街头》，以《论翻译》为题，发表在 1931 年 12 月 11 日、25 日该刊第一、二期上。12 月 28 日，鲁迅写回信给瞿秋白，热情地说："看见你那关于翻译的信以后，使我非常高兴。""我真如你来信所说那样，就像亲生的儿子一般爱他，并且由他想到儿子的儿子。……不过我也和你的意思一样，以为这只是一点小小的胜利，所以也很希望多人合力的更来介绍。"

瞿秋白和鲁迅的第一次见面，据杨之华回忆，是在 1932 年夏天，他们从法租界华兴坊搬回紫霞路以后。一天早饭后，瞿秋白由冯雪峰陪同，高兴地去北川公寓拜访鲁迅，直到晚间才回来。两个好朋友终于见面了。瞿秋白回到家中，还处于兴奋状态。他告诉杨之华说，彼此一见如故，谈得十分投机。他邀请鲁

迅全家一道来紫霞路做客，鲁迅愉快地接受邀请。许广平对两人这次会见的情景，作了生动的描绘："鲁迅对这一位稀客，款待之如久别重逢有许多话要说的老朋友，又如毫无隔阂的亲人（白区对党内的人都认是亲人看待）骨肉一样，真是至亲相见，不须拘礼的样子。总之，有谁看到过从外面携回几尾鱼儿，忽然放到水池中见了水的洋洋得意之状的吗？那情形就仿佛相似。""鲁迅和秋白同志从日常生活，战

097
圣洁的友谊

争带来的不安定（经过一·二八上海战争之后不久），彼此的遭遇，到文学战线上的情况，都一个接一个地滔滔不绝无话不谈，生怕时光过去得太快了似的。"

这次会见，使瞿秋白感到振奋。在摆脱了世事纷扰，重回文学园地的时候，得识鲁迅这样的同志和战友，他怎么能不振奋呢？

6月间，瞿秋白连续在 10 日、20 日、28 日，写信给鲁迅，谈他对于整理中国文学史和翻译问题的意见。信都写得很长，似乎有永远说不完的话。

夏去秋来。9 月 1 日上午，天下着雨。鲁迅和许广平偕海婴冒雨来到紫霞路 68 号。鲁迅所以特地要在雨天来，也许因为在雨天里少有特务的盯梢。鲁迅来时，瞿秋白无限喜悦地从书桌旁站起来表示欢迎。客人很欣赏这一张特殊的西式书桌。它上有书架，下有抽斗，把上面的软帘式木板拉下来，就可以像盒子一样，连抽斗也给锁上，把整个桌面覆盖起来。瞿秋白从桌子里拿出他研究中国语言文字问题的书稿，就语文改革和文字发音问题与鲁迅讨论。他找出几个字来，请许广平用广东方言发音。杨之华特地到饭馆去叫了菜，招待鲁迅夫妇。当坐下来吃中饭时，才发觉送来的菜是凉的，味道也不好，杨之华心里感到不安。但鲁迅却毫不介意，席间与主人谈笑风生，非常亲热。

➜ 在鲁迅家中避难

★★★★★

（34 岁）

白色恐怖弥漫的上海，鲁迅的身家性命也不安全。但是，每当瞿秋白和杨之华面临鹰犬追猎的最危急的时刻，鲁迅和许广平总是置自身生死于度外，成为瞿秋白夫妇安全的最可信赖的保护者。鲁迅的家，自然成为他们最愿投奔的庇护所。

1932年11月下旬，瞿秋白夫妇得到警报，说是有一个叛徒在盯杨之华的梢。瞿秋白不得不立即转移到鲁迅家中。为了鲁迅和瞿秋白的安全，在甩掉跟踪的叛徒之前，杨之华独身一人在马路上转了三天三夜。瞿秋白请人到街头寻找，遇见时正值白天。杨之华请那人先走，她自己转到天黑时，确信已经甩掉跟踪者，才来到鲁迅家。

这时，鲁迅已于11月11日离沪去北京探望母亲。瞿秋白夫妇来时，只有许广平和海婴在家。鲁迅11月30日返回上海，两人聚首，分外融洽。

杨之华和"大先生"夫妇、海婴及家中的女佣，相处很好，使许广平丝毫没有接待生客之感。

过了两天，瞿秋白夫妇以昂贵价格托人在一家大公司买了一盒进口的高级玩具，送给3岁多的海婴。当时瞿秋白夫妇并不宽裕，鲁迅夫妇对此深感不安。但体会到他们爱护儿童，培养儿童科学知识的好意，还是在这不安中接受了这件贵重的礼物。当天鲁迅在日记中写道："下午维宁及其夫人赠海婴积铁成像玩具一盒。"瞿

▷ 瞿秋白夫妇赠送周海婴的积铁成像玩具

秋白在盒盖上，按顺序写明零件名称、件数。又料到自己随时会有不测，很有深意地说："留个纪念，让孩子大起来也知道有个何先生。"12月11日，鲁迅夫妇设宴招待瞿秋白夫妇，在座的还有冯雪峰、周建人。又过了些天，陈云在一个深夜来到鲁迅家，接瞿秋白夫妇回紫霞路。鲁迅关切地问陈云："深晚路上方便吗？""正好天已下雨，我们把黄包车的篷子撑起，路上不妨事的。"临下楼，鲁迅又对瞿秋白说："今晚上你平安到达那里以后，明天叫人来告诉我一声，免得我担心。"他和许广平站在门口，一直目送着瞿秋白夫妇走下楼去。

回到紫霞路，瞿秋白仍在思念着鲁迅。据鲁迅日记，从12月25日到1933年2月4日，四十天中，瞿秋白写了六封信给鲁迅，平均每周一封。

过了一个多月的光景，1933年2月上旬，瞿秋白的住地又发生了问题。上海中央局得到情报，说国民党特务要在当天晚间破坏中共在紫霞路的一处机关。经过分析，认为瞿秋白夫妇的住处，可能发生危险。中央局组织部长黄文容急忙赶来。要他们迅速转移。瞿秋白决定到鲁迅家。于是，傍晚时，由黄文容护送，他们再次到鲁迅家中避难。

2月底，黄文容到鲁迅家，又把瞿秋白接到中央局内部交通主任高文华家去住。这样频繁的流离搬迁，使鲁迅寝食不安，总想替他们寻找一处比较安全的住房。3月初，经鲁迅通过内山完造夫人帮助，在北四川路施高塔路东照里12号租到一间亭子间。3月1日、3日，鲁迅两次去看房。4日或5日，瞿秋白夫妇就迁居这里。6日下午，鲁迅拿着一盆堇花来到寓所，看望瞿秋白夫妇，祝贺乔迁。

4月11日，鲁迅全家由北川公寓迁居施高塔路大陆新村9号。两家在同一条马路上，相距不足十分钟的路，鲁迅和瞿秋自来往更加方便，几乎每天都可以见面。杨之华说：

鲁迅几乎每天到东照里来看我们，和秋白谈论政治、时事、文艺各方面的事情，乐而忘返。我们见到他，像在海阔天空中吸着新鲜空气、享受着温暖阳光一样。秋白一见鲁迅就立即改变了不爱说话的性情。两人边说边笑，有时哈哈大笑，驱走了像牢笼似的小亭子间里不自由的闷人气氛。

许广平说：

有时晚间，秋白同志也来倾谈一番。老实说，我们感觉少不了这样的朋友。这样具有正义感、具有真理的光芒照射着人们的人，我们时刻也不愿离开！有时晚间附近面包店烤好热烘烘的面包时，我们往往趁热送去，借此亲炙一番，看到他们平安无事，这一天也就睡得更香甜安稳了。

有了比较安定的生活环境，瞿秋白在短时间内，写了一批精美的杂文，用鲁迅的各种笔名，由许广平抄过，由鲁迅当做自己的文章寄出发表。

➔ 正确评价鲁迅的第一人

★★★★★

（34岁）

鲁迅是文化革命战线的主将，敌人攻击他，朋友误解他。瞿秋白把正确地评价鲁迅看成是当前文化革命战线上的一个重大任务。完成这项任务，具有迫切感，也有实现的依据。因为，他自信除了坚持辩证唯物论的认识论之外，他是被鲁迅引为知己的亲密同志和朋友，他了解鲁迅，理解鲁迅。许广平回忆说："在动笔之前，秋白同志曾不断向鲁迅探讨研究，分析鲁迅的代表时代的前后变化，广泛披览他的作品，当面询问经过。"这种为其他研究者所不具备的良好条件，使瞿秋白更充满了信心。

一切准备就绪，从4月初开始，他便集中精力写作了。

东照里12号的房东，是位泼辣好事的中年寡妇，广东人，住上海多年了。楼中房客有中国和日本的商人，也有日本浪人。女房东和日本浪人常常来瞿家串门，干扰颇大。瞿秋白夫妇为了摆脱干扰，专心写作，于是想出一个杜门谢客的办法。白天，瞿秋白半卧在床上，关起房门看书，杨之华就在房门口的炉子上熬汤药，药味充满了整所房子，这些药她都偷偷地倒掉了。这出"戏"演得很成功，房东和房客果然不再来打搅他们了。瞿秋白在白天专心研究鲁迅的著作，夜深人静时，就伏在一张小方桌上写作，花了四夜工夫，写成了《〈鲁迅杂感选集〉序言》。

这篇长达一万七千字的《序言》，是中国现代文学批评史上的重要文献。形形色色的反动文人惧怕鲁迅，侮蔑鲁迅，贬低鲁迅杂文的战斗意义，说他是一个"杂感家"；有的创造社、太阳社等左翼人士办的进步刊物也攻击他是"封建余孽"、"二重反革命"。《序言》却对鲁迅的杂文作出了极高的评价。他说：

鲁迅从进化论进到阶级论，从绅士阶级的逆子贰臣进到无产阶级和劳动群众的真正的友人，以至于战士，他是经历了辛亥革命以前

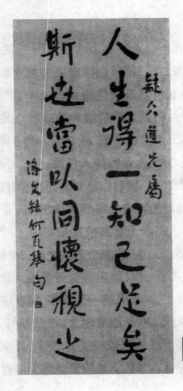

◁ 鲁迅书赠瞿秋白的条幅

直到现在的四分之一世纪的战斗，从痛苦的经验和深刻的观察之中，带着宝贵的革命传统，到新的阵营里来的。他终于宣言"原先是憎恶这熟识的本阶级，毫不可惜它的溃灭，后来又由于事实的教训，以为唯新兴的无产者才有将来"。

瞿秋白是对鲁迅在中国新文化运动中的地位和作用，对鲁迅思想的形成、发展和特点，给予科学评价的第一人。他在《序言》中所阐明的观点，即使是经过了半个世纪，在今天看来也是精彩的。

不久，由于安全的原因，瞿秋白夫妇于6月初，从东照里搬到王家沙鸣玉坊一家花店的楼上。这里是中共江苏省委机关，冯雪峰也住这里。7月10日的下午，这里的安全又发生问题，必须即刻转移。瞿秋白夫妇决定到鲁迅家去。他们冒着大雨，坐上黄包车，扯下车篷，安全地到了鲁迅寓所，住了一个时期。鲁迅日记1933年7月10日记载说："晴，热。午后大雷雨一阵。下午收良友图书公司版税二百四十元，分付文尹、靖华各卅。以《选集》编辑费二百付疑冰。"前两天鲁迅收到《鲁迅杂感选集》的二十本样书和版税一百元，这笔二百元的编辑费和分付杨之华的三十元，一半是他垫付的。

这以后，杨之华到中共上海中央局组织部做秘书工作，夫妇两人就搬到机关去住，与高文华家住在一起。大约9月间，一天深夜，突然传来警报，要他们马上离开机关。这时已是凌晨2点钟。瞿秋白和杨之华还是决定到鲁迅家去。他们分乘黄包车，差不多同时到达大陆新村鲁迅寓所的前后门。两个门同时敲响，惊动了鲁迅一家。许广平披衣而起，惊愕地对鲁迅说："怎么前后门都……"鲁迅镇静地走近后窗，暗夜中看到后门站的是一位女人，片刻，他说："样子像之华。"他又走向前窗俯视："哦，是秋白，快开门。"静谧的书房里，鲁迅请瞿秋白夫妇入座，赞佩地说："你俩和猎狗们周旋，险些把景宋（许广平）弄糊涂了。"瞿秋白和杨之华几乎同声歉意地说："真对不住，惊扰了你们！"许广平端着托盘，送上两碗夜宵。似乎不是这热气腾腾的夜宵，而是鲁迅夫妇的热诚目光，使瞿秋白和杨之华今夜感到异常的温暖。

这一次在鲁迅家只住了几天，就转移到另外的机关里。

转眼到了1934年1月，瞿秋白奉命离开上海到中央苏区。临行前几天，他有一种无法排遣的渴望，一股不可压抑的深情，一定要当面向鲁迅、茅盾辞行，并与他们长谈一次。他是预料到，今后天各一方，难得再有见面的机会。杨之华深深理解他的心情，但为了他的安全，让他晚上去，在鲁迅那里住上一天，第二天晚上回家。

1月4日晚，他来到鲁迅家。两个人三个多月没有见面，而这一次相见后就将是长久的离别。似乎有说不完的话，但两个人都希望倾听对方的谈话，从中体味战友的深情。晚上，鲁迅一定要让瞿秋白睡在自己的床上，他与许广平睡在地板上。

杨之华在家中，焦急地等了瞿秋白一天一夜，等到第二天晚上他平安归来，才算一块石头落地。瞿秋白为实现这次辞行很高兴。他笑容满面地说："要见的都见到了，要说的话也说了。大先生和茅盾身体都好，海婴也没病。"但在心里，瞿秋白是有点郁悒的，除了惜别之情，也许是因为不得不离开他喜爱的文艺战线，不得不离开这里肝胆相照的挚友。

1月9日，鲁迅收到瞿秋白临行前写给他的信。28日，又收到瞿秋白将要到达苏区时在途中写来的信。鲁迅的悬念之心，总算放了下来。

鲁迅和瞿秋白之间披肝沥胆、生死与共的友谊，摆脱了世俗的利害，达到了圣洁的境界。它在中国革命史和文学史上，留下了有光彩、有诗情、有意义的篇章。

从上海到瑞金

（1934）

中央教育人民委员

★ ★ ★ ★

（35 岁）

1934 年 1 月 7 日，星期日，夜 11 时，风雨雪交加，瞿秋白从上海乘船出吴淞口南驶。从此，告别战斗了将近八年的上海和在这里的亲人。

1934 年 1 月 22 日至 2 月 1 日，第二次苏维埃共和国工农兵代表大会召开，瞿秋白仍当选为中央执行委员。2 月 3 日，即瞿秋白抵达瑞金前两日，中央执行委员会第一次会议，通过人民委员会入选，张闻天任人民委员会主席，瞿秋白连任教育人民委员。

从 1934 年 2 月到 4 月，不足三个月时间，教育人民委员会在瞿秋白主持下，共制定教育法规二十四个。今天遗存下来的是当时用毛边纸油印的一册《苏维埃教育法规》。这是包括小学、中学、大学、师范和社会教育在内的苏区教育法规大全。

这本《苏维埃教育法规》中收录的江西省第一次教育会议《关于省教育部报告》中说："会议听取了中央教育人民委员瞿秋白同志关于新的教育政策的报告。"但瞿秋白这个报告，没有被记录保存下来。我们对于他在中央教育人民委员任内的具体情况，所知很少，仅从《苏维埃教育法规》中和一些同志的回忆中，略知一二。

师资不足，是苏区发展教育事业的一大困难。为此，瞿秋白主持下的教育人民委员部，把发展苏区的师范教育，放在十分重要的地位。《苏维埃教育法规》全面地规划了建设师范教育的蓝图，不但建立了修业期为一年的高级师范学校，修业期为半年的初级师范学校，还建立了修业期为三个月的短期师范学校，在寒假暑假期间还开办小学教员训练班，以利现任或将任列宁小学教员进修。各级师范学校培养了大批教育干部，特别是妇女干部。"在许多专门学校里面，妇女占着极大的数量"，"在许多学校中，妇女充当教员、教委主任，直至校长"。

国立苏维埃大学是一所干部学校，是以造就苏维埃建设的各类高级干部为任务的。瞿秋白以教育人民委员兼任苏维埃大学的校长，徐特立任副校长。1934 年 4 月 1 日，苏维埃大学举行开学典礼。中央人民委员会主席张闻天、中央革命军事委员会主席朱德、苏区党团中央局及红军大学代表出席了典礼。瞿秋白、张闻天、朱德等

△ 中华苏维埃第二次全国代表大会全体代表合影

先后在会上发表了讲话。瞿秋白说："大学开学的战斗任务，是为了发展中国的苏维埃革命，供给苏维埃革命运动的干部人才。每个学生同志，都应深刻地了解自己伟大的使命，努力学习，努力参加实际的社会工作，遵守纪律，严厉禁止一切地方观念以及开小差的行为，为中国的苏维埃革命运动而斗争。"

苏维埃大学在 7 月间并入苏区中央党校，它单独存在了不到四个月。10 月间，中央红军主力开始撤离，中央教育人民委员部的工作也随之结束。在艰苦的战争环境中，瞿秋白对苏区教育事业，倾注了心血，尽了自己的最大努力，据徐特立回忆说："他对教育工作十分负责，苏大住校直接负责者是我，但他关于政治教育每一课程，每一次学习的讨论的题目他都加以原则指示。他那样衰弱的身体，在十分艰苦生活环境，由于他认真工作，一切困难他都忘却了，精神上表现得十分愉快。"

在瞿秋白和其他同志的领导下，中央苏区的教育事业取得了可喜的成绩。1934 年 3 月间。江西、福建和瑞金等地有列宁小学三千一百九十九所，学生约十万人；补习夜校四千五百六十二所；识字组二万三千二百八十六个，组员仅江西一省约达十二万人；俱乐部有一千九百一十七个，参加活动的固定会员就有九万三千多人。苏区多数学龄儿童进入了学校，不少劳动人民摆脱了文盲之苦。

最后的斗争

（1935）

瞿秋白烈士纪念碑
建于1952年10月，文革期间遭受破坏。1983年国家拨款重建。碑身高30.59米，砖体结构，白色水泥洗饰面，碑身正面"瞿秋白烈士纪念碑"几个镏金大字系由原全国政协副主席定一亲笔题写。整个碑占地面积1.75万平方米。瞿秋白烈士事迹陈列室内展示有关瞿秋白烈士生平

事迹的照片、图片、实物、史料近百幅（件），详细介绍了瞿秋白烈士的光辉一生。

地　址：福建省龙岩市
　　　　长汀县汀州镇
　　　　西外街罗汉岭
邮政编码：366300
联系电话：(0597)6836441

瞿秋白（1899-1935）江苏常州人，1922年2月加入中国共产党。大革命失败后，他主持召开了八七紧急会议，清算了陈独秀的右倾错误，确定了土地革命和武装反抗国民党的总方针。1934年红军长征时，他被留下负责中央分局的宣传工作。1935年2月在突围时被俘，6月18日在福建长汀罗汉岭英勇就义。

● 瞿秋白烈士纪念碑

长汀位置图

瞿秋白烈士纪念碑位置

➡ 濯田被俘

★★★★★

（36 岁）

　　1934 年 10 月，中央红军主力开始撤离中央苏区，中共中央和中华苏维埃中央政府也随军撤走。干部、家属，还有舍不得丢弃的坛坛罐罐，在八万六千人大军的保护之下，匆匆忙忙地向西而行。但是，身患重病又为敌人易于辨识的瞿秋白虽经一再请求却不能随军长征，被留在了即将沦陷的瑞金。

　　为了和战友们告别，瞿秋白邀请了李富春、傅连暲等聚餐。席间，他举杯祝愿革命胜利。徐特立临行时看望瞿秋白。瞿秋白嘱咐他的身强力壮的马夫跟随徐老走，并把自己的一匹好马换给了徐老。第二天，陈毅见到瞿秋白，问他为什么还不走。看到瞿秋白病弱的身体，陈毅要把自己的马送给他，劝他赶紧追上队伍。陈毅这时还不知道，中共中央已决定把瞿秋白留在了险地。冯雪峰前来告别，瞿秋白把一件长衫披在冯雪峰身上，让它伴着冯雪峰远涉征途。

　　留守苏区的党的最高领导机关是中共中央江西分局，政府机构叫做中央政府后方办事处，军事上则设立了留守部队的军事委员会，这三个机构的负责人是项英、陈毅等。瞿秋白任中央分局宣传部长，兼后方办事处人民教育委员。

　　中央主力红军撤走以后，蒋介石派出十万大军由顾祝同、蒋鼎文分任南、东两路总司令，向以赣南、闽西为中心的中央苏区进行所谓"全面清剿"。血腥的白色恐怖笼罩了中央苏区。

　　1934 年 11 月底，蒋介石命顾祝同、蒋鼎文分任驻赣、驻闽绥靖主任，划定十二个绥靖区，到处修公路，筑碉堡，实行"划区清剿"。在敌人严密封锁下，机关和部队的衣食住行都成了严重的问题。在极端艰苦的环境中，瞿秋白的肺病更严重了。1935年初，中央分局决定撤销中央后方办事处，同时决定送他转道香港去上海就医。

1935年2月11日，瞿秋白一行从瑞金九堡附近动身，同行的有何叔衡、邓子恢及项英的妻子张亮。约在六七天以后到达中共福建省委所在地汤屋（当时属会昌县。）临时又加入了周月林，她是中华苏维埃工农民主政府司法人民委员、兼代内务人民委员梁柏台的妻子。周月林与梁柏台分手后，早于瞿秋白一行先期到达汤屋。

汤屋一带的形势也极险恶。因此，他们略事停留，经中共福建省委书记万永诚的安排，在2月20日前后就起程上路了。这一行人，化装成香菇商客和眷属。福建省委为了保障他们的安全，专门选调了二百余人组成护送队沿途保护。2月的闽西，春寒料峭，夜里行路还是相当艰苦的。瞿秋白身体很弱，艰难地行进在崎岖的山路上，有时实在疲乏不堪了，就倚坐在路旁石头上休息一会儿。何叔衡年纪很大，行动比较缓慢。

经过大约四天的昼伏夜行，他们安全通过了敌人的层层封锁，渡过汀江，于2月24日拂晓，到达长汀县濯田区水口镇小迳村附近。大家走累了，饥肠辘辘，就在这里休息吃饭，准备下午再走。但是，这个麻痹大意的行动，酿成了严重的后果。

水口镇一带属于福建省地方反动武装保安十四团的游击区。该团防区包括武平全县及上杭西区一带。团长钟绍葵是福建省臭名昭著的地头蛇，他在几天前因事由武平经由水口镇前往长汀。水口镇暂由该团第二营驻扎，营长名叫李玉。这天早晨，李玉得到地主武装"义勇队"队长范连升的报告：小迳村附近发现小股红军。李玉查明情况后，立即率队对小迳村实行围攻。红军护送队长丁头牌，是个漫天扯谎、好吹牛皮的家伙。邓子恢在行军过程中同他接触，发现这个人华而不实，大话连篇，一旦有事是靠不住的。果然，枪声一响，丁头牌转眼就不见了，逃跑了。护送队无人指挥，也涣散了。邓子恢组织大家突围，激战一个时辰也没有突出去，敌人越来越近。何叔衡见无法突围，对邓子恢说："子恢同志，我革命到底了！"说罢，举起手枪对准了自己的头部。邓子恢急忙说："你千万不能这样！"边说边跑，要上去夺他的手枪。可是，何叔衡手里的枪已经击发，人从悬崖上滚落下去。这时敌人又用机枪扫射，何叔衡身中数弹。战斗结束打扫战场时，敌特务连代理连长曾起和传令兵熊辉，在稻田中发现了身受重伤的何叔衡，并从他身上搜出了港币五百元。这笔款是瞿秋白一行从瑞金出发前领到的交通费，每人一百元，集中由何叔衡保管。曾起、熊辉抢到了这笔港钞，走了几步，又转了回去，举枪把何叔衡杀害，为的是杀人灭口。

瞿秋白经过连续不断的奔跑，这时已经精疲力竭。据邓子恢生前回忆：

我又去叫瞿秋白赶快向外突围。这时瞿秋白身患重病，躺在担架上。瞿秋白说："我病到这个样，实在走不动了，你快点走吧！"我三番五次地叫他走，他就是不走。我拉他走，他还是不走。他说："你快点走吧，我在这里敌人是不会发现的。"（这个地方是很茂密的树丛）无奈，我冲出重围到山下河边，见到有几位战士也冲出来，其中持机枪的战士也冲出来，我就把仅剩下的几个战士集中起来，用机枪阻击追敌，边打边走，离开了长汀，向闽西走去。

瞿秋白在邓子恢突出重围后，被地主武装"义勇队"队员范金柱、赖忠顺在半山灌木丛中发现俘获，同时被俘的还有张亮、周月林。这时约在中午过后。敌兵们押解着瞿秋白回到水口镇已是下午4点钟。

李玉等对瞿秋白严刑逼供，企图强迫他说出我党我军机密。对于瞿秋白来说，苦刑是意料中事，算得了什么呢？他虽然身受残酷的折磨，但咬定牙关，坚不吐实。他只说自己名叫林琪祥，现年36岁，是江苏人，肄业于北京大学中国文学系，后在上海经营旧书店及古董生意，又入医学校学医半年。1932年因病游历福建漳州，适因红军打进漳州，将其俘虏送往瑞金，先后在红军总卫生部当过医生、医助、文书及文化教员。红军主力长征后，他被留在福建省苏维埃政府、省军区医务所做医助。1935年1月携款逃离瑞金，但走到上杭露潭地区又被苏区地方武装发现，当夜由保卫局人员看押，准备天明再走，不意被国民党军队发现俘虏。

张亮供名周莲玉，系香菇客商的老婆，说是被红军"绑票勒赎者"。周月林初供名陈秀英，继供名黄秀英，系红军护士。瞿秋白在敌人逼供时，巧妙地掩护了张亮和周月林。

保安十四团团长钟绍葵当日由长汀赶回水口镇。李玉向他报告了战斗的经过情形，得知被俘的林琪祥等人携有港钞、黄金，护送人多数携带驳壳枪，他据此判断：林琪祥可能是共产党的"要人"。当晚，钟绍葵亲自刑讯瞿秋白，得到的回答依然如前所供。

→ 上杭县狱

★★★★★

（36 岁）

钟绍葵回到水口镇的第二天，瞿秋白由钟绍葵、李玉率领匪兵押解，沿汀江下行，于第三天中午过后到达上杭县城，被囚禁在上杭县监狱。一连几天，钟绍葵等用尽了酷刑逼供。瞿秋白仍然不为所动。3月9日，他在狱中写了一个"笔供"，编造了一套假情况，借以掩护真实身份，迷惑敌人。李玉看过这篇供词，对瞿秋白说：如果所述属实，可以取保释放。并要瞿秋白写信给上海的朋友索取证明，或在当地寻觅铺保，以证实确与共产党向无关系，即可予以开释云云。瞿秋白为了脱身，当即以林琪祥名义给在上海的鲁迅、周建人和杨之华写了信。

4月间，当时在上海商务印书馆做编辑工作的周建人收到了瞿秋白的来信，是通过周建人转致杨之华的。信封背面盖了一个蓝色长方形的印章，说明已经过监狱的检查。瞿秋白在信中说到自己被捕后的情况，大意谓：狱中到夜间很冷，食物极少，衣服单薄，天天挨饿受冻；听监狱的人说，如果有殷实铺保或有力的团体作保，是可以释放的。

周建人写了一个短柬通知当时在工厂做工的杨之华：有要信，请差人来取。第二天，一位十七八岁的青年工人来到商务印书馆，将信取去。不久，一位穿着入时、相貌秀丽、仪态大方的女郎走进商务印书馆。她对门房说，要找周建人先生。她是杨之华派来找周建人的。她对周建人转达了下述意见，说："瞿秋白的信已经交给党，党在设法营救。可是，没有找到现成的铺保。目前考虑开设一家新铺，把人保出后再关闭。但新铺登记，势将招致敌特机关的注意，恐狱中的瞿秋白未保出，外边的同志反而可能被捕，终究不是万全之策。"

瞿秋白写给鲁迅的信上说："我在北京和你有一杯之交，分别多年没有通信，不知你的身体怎样。我有病在家住了几年。没有上学。两年前，我进同济医科大学，读了半年，病又发，到福建上杭养病，被红军俘虏，问我做什么，我说并无擅长，只在医科大学读了半年，对医学一知半解。以后，他们决定我做军医。现在被国民党逮捕了，你是知道我的，我并不是共产党员，如有人证明我不是共产党员，有殷实的铺保，可以释放我。"

鲁迅在得悉瞿秋白被捕以后，多方设法营救。他曾经打算与陈望道等发起公开营救运动，未能实现。他还通过蔡元培在国民党统治集团内部力争保留瞿秋白的生命，也未成功。

鲁迅把瞿秋白来信转给了杨之华，并且交给杨之华五十元钱。杨之华亲手为瞿秋白做了两条裤子，连同这五十元钱一起由邮局寄出。同时，杨之华在杜延庆、秦化人等协助下，取得了一个旅馆老板的铺保证明，并托一位工友帮助另租一处房屋住进，准备瞿秋白保释回沪时秘密居住。岂料，几天后，报纸上登载了瞿秋白被捕的消息，敌人知道了林琪祥就是他们长期重金悬赏缉拿的"共党首领"瞿秋白！

这些都是后来发生的事情。狱中的瞿秋白，对这一切——党组织、鲁迅先生、战友和爱人杨之华的积极营救活动——是一概不知的。

这时，突然发生了一件新的不利的情况。

4月10日，国民党军第八师在长汀、武平和会昌三县交界的归龙山下，俘虏了中共福建省委书记万永诚的妻子（名不详），供出瞿秋白、何叔衡、张亮等都在濯田地区被俘。第八师师长陶峙岳立即将万妻所供情况，电告国民党驻闽绥靖公署主任蒋鼎文。电称："据万匪永诚之妻供称，矛秋白（'矛'字当为'瞿'字之误）、何叔衡及项英之妻，均在灌田（'灌'字当系'濯'字之误）被我军俘获。"蒋鼎文随即电令驻防在长汀地区的第三十六师（师长宋希濂）和管辖该地区的第二绥靖区（司令李默庵）紧急进行查报。这时，三十六师所俘获的长汀县苏维埃政府主席供出瞿秋白等先已被俘。

"林琪祥就是瞿秋白！"——这个意外的情况使钟绍葵狂喜不止。他到达龙岩立即向李默庵报告，并请求李即刻发电给长汀三十六师师部查问林琪祥是否已经解到，等到长汀回电答复说林琪祥已解到，他才放心。原来，钟绍葵心里盘算：瞿秋白如果真的被俘获。他钟某便可捞得一笔重赏，不久，当瞿秋白的身份证实以后，钟绍葵即于 5 月 14 日向南就发了一通邀功请奖电报。国民政府行政院院长汪精卫 5 月 25 日批文："覆电嘉奖，并交军政部查案给奖。"据说，给钟部的这笔奖金共十万银元，但被福建省政府扣下绝大部分，只发给钟部三万元了事。

 # 长汀狱中斗争

★★★★★

（36 岁）

钟绍葵派了几名部下协助三十六师的一支部队押送瞿秋白北行，前往长汀，拘押在设于长汀中学里的第三十六师师部。

三十六师参谋长向贤矩、军法处长吴淞涛、政训处长蒋先启等，在瞿秋白解抵长汀以前，早已策划了一个狠毒的阴谋。瞿秋白到达的翌日——5 月 10 日，他们就组织了一次所谓军法审判。审判开始，吴淞涛发问，瞿秋白作答。"你的年龄、籍贯？""30 岁，上海。""你何时被俘，同时被俘的有几人？""被俘有一个多月，同时被俘的还有两个女眷。"

这时，吴淞涛霍地站了起来，狡黠地诈问道："你是瞿秋白，不是林琪祥。我在（民国）十六年时曾在武汉见过你讲演。你不要冒混吧！"瞿秋白镇定地答道："我确不是瞿秋白！"

吴淞涛随即将先已被俘投敌的叛徒郑大鹏招进屋内。郑大鹏曾在苏区教育人民委员会工作，认识瞿秋白。在郑大鹏的指认下，瞿秋白承认了自己的身份。他坦然一笑，对洋洋得意的吴淞涛等人说：

"既经指认，我就不用'冒混'了。我就是瞿秋白。我在上杭笔述的供录，算是作了一篇小说一样？"

三十六师是蒋介石的嫡系部队，装备与众不同，带兵官是清一色的黄埔系，师旅长更是蒋介石亲自培养的黄埔一二期生。师长宋希濂，是湖南湘乡人，毕业于黄埔军校第一期。第一次国共合作时期，瞿秋白担任国民党中央候补执行委员、国民党"政治委员会"成员，是赫赫有名的人物。宋希濂曾经读过瞿秋白的著作，听过他的演讲，仰慕瞿秋白的学问。1925年，经陈赓介绍加入共产党。国共两党分裂以后，宋希濂成为蒋介石麾下积极从事"剿共军事"行动的健将。长汀被该师攻陷，他就把师部设在长汀中学。蒋介石将中共"党魁"瞿秋白交给三十六师看押，足以说明宋希濂深得蒋介石的赏识和信赖。这时，他在瞿秋白面前口称"瞿先生"，并且给予生活的优待，大抵有两个原因：一则瞿秋白身患重病，倘因生活上照料不周，一旦不起，他没法向蒋介石交代；二则是企图软化瞿秋白的革命意志，以收劝降之功。

5月13日，瞿秋白被叛徒出卖后在长汀狱中写了一篇长长的"供词"。他用很大的篇幅全面、热情地宣传和颂扬了中央革命根据地在政治、经济、文教等方面所取得的伟大成就，驳斥了国民党对苏区的攻击和诬蔑。与其说这是一篇"供词"，不如说是瞿秋白对苏区充满激情的深切怀念之辞。

瞿秋白这篇"供词"，虽然也流露了某些消沉情绪，但它确实打中了国民党的痛处。国民党的一个反共文人赵庸夫当时曾经著文评论这篇"供词"，说是"文长四千余字，首段叙在沪之生活状况，中段述刚到匪区之感想，末为匪区政治的设施，及其对伪政府之鼓吹，因而不便发表。"这一段文字确能说明国民党当局是深知"供词"中瞿秋白"对伪政府之鼓吹"的分量的。

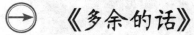

《多余的话》

★★★★★

（36岁）

从5月17日到22日，六天之间，瞿秋白写了一篇《多余的话》。这篇自传性的文章近两万字，分为"何必说（代序）"、"历史的误会"、"脆弱的二元人物"、"我和马克思主义"、"盲动主义和立三路线"、"文人"和"告别"七个部分。瞿秋白在《多余的话》中明确地说："我愿意趁这余剩的生命还没有结束的时候，写一点最后的最坦白的话"，"彻底暴露内心的真相"。他希望人们了解他，他说："人往往喜欢谈天……能够乱谈几句，心上也就痛快了。何况我是在绝灭时前夜，这是我最后'谈天'的机会呢。"通观《多余的话》，瞿秋白是以关切党的事业，怀念同志战友的真挚感情，认真地总结了一生，严格地解剖了自己，把自己的灵魂，赤裸裸地放在显微镜下，坦然无私地自我审判，也留给后人去品评是非功过，"愿意受历史的最公开的裁判"。可以说，《多余的话》是一个活生生的、内心充满矛盾的、襟怀坦白而又心情复杂的人，在临终之际所作的一篇自白。它不仅无损于烈士的革命大节，相反，它以罕见的自我解剖深刻地表现了瞿秋白的内心世界的种种矛盾。它既有长处，也有弱点；既有令人夺目的光辉，也有使人不爽的灰暗。光辉是主要的，灰暗是次要的。透过这篇发自肺腑的自白可以清楚地看到作者灵魂中某些本质的东西。

《多余的话》光辉之处，仅就其严格地解剖自己这一点来说，大体有两层意思。一是瞿秋白在《多余的话》中对自己的人生观、世界观以至文艺观的剖析中，都有极其精辟的

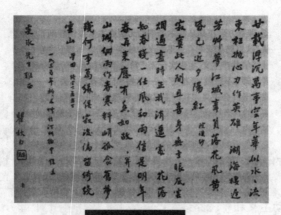

△ 瞿秋白狱中诗词

见解：

1. 坚信马克思主义和共产主义

瞿秋白在《多余的话》中明确地表示："我二十一二岁，正当所谓人生观形成的时期，理智方面正是从托尔斯泰的无政府主义很快转到了马克思主义。

2. 严格地解剖自己

在《多余的话》中，瞿秋白清醒地认识到自己的世界观还未能脱净"没落的中国绅士阶级意识"即小资产阶级意识，因而说自己是"脆弱的二元人物"，存在很多的弱点。他深刻地剖析了自己思想上存在的无产阶级意识与小资产阶级意识之间，马克思主义思想与非马克思主义思想之间的矛盾。

3. 勇于承担责任

在《多余的话》中，瞿秋白对自己在中国革命历程中的贡献和功绩，几乎很少提及。当无法回避、不得不写的时候，他也只是说："一切好事都不是由于他的功劳——实在是由于当时几位负责同志的实际工作"，是"在全党同志的督促、实际斗争的反映，以及国际的领导之下，逐渐有相当的进步。"对于自己所犯的"左"倾盲动错误，他异常痛心，以致在《多余的话》中，反复地诚恳地进行了自我批评。

4. 关怀党和革命事业，热爱战友和同志

在《多余的话》中，瞿秋白对党和革命事业，以及对同志和战友充满了阶级感情。他说："永别了，亲爱的同志们——这是我最后叫你们'同志'的一次。""你们在斗争勇猛精进着，我可以羡慕你们，祝贺你们，但是我已经不能够跟随你们了。"

△ 瞿秋白狱中题照。1935年5月，瞿秋白于长汀监狱送给国民党第三十六师军医陈炎冰。照片题词："'如果人有灵魂的话，何必要这个躯壳！但是，如果没有的话，这个躯壳又有什么用处？'这并不是格言，也不是哲理，而是另外有些意思的话。"

5. 正确的文艺观点

瞿秋白在《多余的话》中也谈到文艺方面的问题。他反对"雾里看花""隔着一层膜"，主张考察"实际生活"。他说："我学着比较精细的考察人物，领会一切'现象'。我近年来重新来读一些中国和西欧的文学名著，觉得有些新的印象。你从这些著作中间，可以相当亲切地了解人生和社会，了解各种不同的个性，而不是笼统的'好人'、'坏人'，或是'官僚'、'平民'、'工人'、'富农'等等。摆在你面前的是有血有肉有个性的人，虽则这些人都在一定的生产关系、一定的阶级之中。我想，这也许是从'文人'进到真正了解文艺的初步了。"

《多余的话》里确有过头话，流露了消沉情绪。但是，第一，要看到这些灰暗情绪在《多余的话》中，是非本质的、次要的，它不是《多余的话》的主流。而写《多余的话》，在瞿秋白被捕以后的全部表现中又是一时一事，不是主流，无损于他的革命大节。第二，要从历史的特定环境，从瞿秋白这样一个具体的人，实事求是地加以分析。例如，瞿秋白在《多余的话》中所说的政治家与文人的矛盾——这是瞿秋白一生遇到的许多矛盾中主要的、也是使他困窘终生而无法解脱的矛盾之一。他怀着痛苦的心情，写道：

我家乡有句俗话，叫做"捉住了老鸦在树上做窠"，这窠是始终做不成的。一个平凡甚至于无聊的"文人"，却要担负几年的'政治领袖'的职务，这虽然可笑，却是事实。

我自己忖度着，像我这样性格、才能、学识，当中国共产党的领袖确实"是一个历史的误会"，我本是一个半吊子的"文人"而已，直到最后还是"文人积习未除"的。对于政治……勉强负担一时的政治翻译、政治工作，而一直拖延下来，实在违反我的兴趣和性情的结果，这真是十几年的一场误会、一场噩梦。

这里，所谓"误会"和"噩梦"，显然是就其自身存在着的"文人"与政治家的矛盾及其酿成的后果而言，似乎没有某些人所说的那种对于党的工作的恶意的诅咒，更谈不到用这种诅咒来推卸责任，讨好敌人，背叛党的事业，以求幸免一死。这一点，瞿秋白也在《多余的话》中，写得清清楚楚。他说：

我写这些话，决不是要脱卸什么责任——客观上我对共产党或国民党的"党国"应当负什么责任，我决不推托，也决不能用我主观的情绪来加以原谅或者减轻。我不过想把真情，在死之前，说出来罢了。总之，我其实是一个很平凡的文人，竟虚负了某某党的领袖的声名十来年，这不是"历史的误会"，是什么呢？

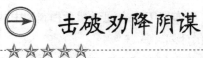

击破劝降阴谋

瞿秋白从被俘到 5 月底，三个月过去，敌人从刑讯逼供到软禁厚待，都没有从他口中捞到他们所需要的任何东西。长期监禁不能战胜瞿秋白的坚强意志，这一点，敌人是看到了。但是，这样一位声望卓著、中外闻名、受到人民爱戴的人物，万一愿意改变宗旨，对于巩固国民党的统治，将会有很大的好处。而且，他们估计瞿秋白无论如何坚强，到了这身陷囹圄、山穷水尽的时候，也会软化屈膝的。在瞿秋白身份被认明以后，军统特务机关即奉蒋介石之命，电令军统在闽西的部属协助三十六师军法处审讯瞿秋白。随后，又从南京派员到长汀，诱迫瞿秋白投降，都被拒绝。于是，南京中央党部的人员又到长汀做说客了。

5 月 22 日，在瞿秋白《多余的话》竣稿的同一天，南京中央党部给驻闽绥靖公署发了一道密电：派陈建中来闽与瞿秋白谈话。

刚刚过了三天，又有一道密电由南京拍到福州：加派王傲夫偕同陈建中与瞿等谈话。

陈建中，当年二十四五岁，中等个，瘦长脸，说一口陕西话。他原是共青团陕西省委书记（或委员），1933 年被捕立即叛变。

王傲夫，又名王书生、王杰夫。此人是吉林人，年约三十五六岁。北平燕大毕业后曾经研究过一段宗教哲学。在商震军中以清洗进步人士深得陈立夫的青睐，先后充当中统训练科副科长、科长，并负责领导"中共自首人员招待所"和中统"社会调查人员训练班"，做过中共一些大叛徒的劝降工作。王杰夫出马，陈建中就成了他的助手。

陈立夫特别召见王杰夫，对他说："如能说降瞿秋白，那在国内国际上的号召和影响都是很大的。"并布置王杰夫通过瞿秋白查明中共在上海、香港地下组织关系和在江西的潜伏计划。

王杰夫赴闽的头衔是"中央组织部特派福建党务视察委员"。王、陈途经福州、厦门时，又拉上国民党福建省党部秘书、调查室主任钱永健和国民党厦门市党部秘书、中统特务朱培璜同行，于6月13日或14日抵达长汀。

在与瞿秋白谈话前，王杰夫等人商定了一个劝降的方案，据朱培璜后来交待：一是用亲属和朋友的情感打动瞿秋白；二是以中共中央干部中的叛徒投降敌人以后所受到的所谓优待、重用的例证（如顾顺章）来对他进行"攻心"。

谈话进行了多次。除了王、陈、钱、朱四人，国民党军三十六师政训处长蒋先启等也在场。

一张长方形的桌子，瞿秋白坐在一端，几个特务围拢着，一齐把目光投向了他。王杰夫戴着一副金丝架的眼镜，一对细小的眼珠紧紧地盯着瞿秋白，又极力装出一副斯文的姿态，细声细气地对瞿秋白说："你的问题，你自己没有兴趣考虑，你的朋友，你的亲戚和家属，倒希望你好好地加以考虑。你可不能使他们失望。"

瞿秋白坚定地回答："我自己的问题，从来由自己考虑，不劳朋友亲戚甚至家属来考虑。特别是政治问题，过去是我自己考虑，现在不可能也无必要戚友代劳。"

王杰夫说："瞿先生，我们从南京到长汀来，因为你是一个非凡的人才，你的中文特别是俄文程度在中国是数一数二，你生存下去，可以做翻译工作，翻些托洛茨基最近有关批判联共的著作，这对你来说是轻而易举……"

瞿秋白打断了他的话说：

"我对俄文固然懂得一些，译一点高尔基等文学作品，自己觉得还可以胜任。如果译托洛茨基反对联共的著作就狗屁不通了！"

122 •

瞿秋白软中带硬，把王杰夫顶了回去。王杰夫这时有点恼火，然而还是假惺惺地对瞿秋白说："朋友、亲属关心你，中央挽救你，也是爱惜你的才学，才派我们远道而来。哪料到同你谈了好几天，你却还是无动于衷。"

瞿秋白立定脚跟，侃侃而谈，使得王杰夫等人面面相觑、无可奈何，只得草草结束了这次谈话。

一次，王杰夫笑嘻嘻地对瞿秋白说："我有一个假设，假设瞿先生不幸牺牲了，你瞿先生是否希望中共中央为你举行盛大的追悼会呢？"

王杰夫寻思，这个设问可以试探瞿秋白是不是怕死，具有一针见血的威慑之力。他是相当得意的。

瞿秋白看穿王杰夫意存讥讽，笑里藏刀，毅然答道：

"我死则死耳，你何必谈什么追悼会？！"

陈建中急功近利，单刀直入地问道："瞿先生，你是去香港再转往上海，你打算在香港住什么地方？还有什么关系？到上海又打算住什么地方？有什么关系？"

瞿秋白对这个叛徒的愚蠢发问，愤然没有作答。

一次，王杰夫换了一副面孔，一上来就摆着蛮横的架势问道："请你说明中共中央过去发动过几次大暴动，如南昌暴动、两湖秋收暴动、广州暴动等，这个责任，你瞿先生要不要负责？"

瞿秋白听罢，只是一笑，他坦然答道：

"这些大暴动，都是中共中央发动的。发动这些革命运动的责任，在中央方面，我当然负责任！"

王杰夫接着问道："中共中央和红军都西上了，江西等地的善后潜伏计划，你当然知道一些的，请谈一谈。"

对此，瞿秋白理也不理，拒绝回答。这次交锋，王杰夫败下阵来，但他仍然不死心。离开长汀的前一天，他又去见瞿秋白，说："瞿先生，我们决定明天就离开长汀回到南京。你是不是在我们走以前，最后表示你的真正态度。我们同你的亲友一样诚心诚意挽救你，爱惜你的才学。"

瞿秋白回答得毫不含糊：

"劳你们远道而来，几天来费尽心机和口舌。我的态度，昨天都谈得一清二楚，任何改变都是不可能的！"

钱永健表面温和，实则威胁地说："你要识大体。最近中共残部流窜西去，只余下几个小股，很快就要肃清，中国已经空前统一，中共穷途末路，大势已去。'识时务为俊杰'，你为什么这样顽固迷信？我看瞿先生还是从速考虑吧！"

王杰夫接着紧逼上来，劝瞿秋白效法叛徒顾顺章，他说："你如果决心生存下去，不一定叫你做公开的反共工作。你可以担任大学教授，也可化名做编译工作，保证你不作公开反共。瞿先生，你学识渊博，现在正是国家用人之际，所以，我们为国家爱惜你的生命。瞿先生，你不看顾顺章转变后，南京对他的优待。他杀人如麻，中央都不追究嘛！"

瞿秋白沉思片刻，从容地说：

"我不是顾顺章，我是瞿秋白。你认为他这样做是识时务，我情愿做一个不识时务笨拙的人，不愿做个出卖灵魂的识时务者！"

这一席慷慨陈词，说得满室敌特失色动颜，无话可答。王杰夫等人知道再谈下去，还有更严厉的抢白，只好偃旗息鼓而退。

 "英特纳雄耐尔"

★★★★☆

（36岁）

国民党统治者既不能招降瞿秋白以巩固他的反动统治，

△ 瞿秋白就义前在长汀中山公园凉亭留影

便决定立即杀害瞿秋白以除后"患"了。

本来，6月2日，蒋介石就从武昌行营给蒋鼎文发了一道密令："龙溪绥署蒋主任：寒已法电悉。成密。瞿匪秋白即在闽就地枪决，照相呈验。中正。冬行息字印。"只是因为陈立夫遣人对瞿秋白劝降，所以拖迟了行刑的时间。王杰夫等人一走，蒋鼎文、李默庵于6月15日、16日、17日连电催促三十六师迅速执行蒋介石对瞿秋白的处决令。

6月17日夜，三十六师参谋长向贤矩像往常一样来到瞿秋白的囚室。但这一次，他不是索供，也不是求诗。他是奉命有意把蒋介石的处决密令暗示给瞿秋白。也许，这位蜚声国际的共产党人，在死神面前会吓得软瘫如泥。瞿秋白万一有回心转意的表示，那岂不是意外之功。然而，向贤矩估计错了。瞿秋白同往日一样，沉静，安详，毫无惧色。

6月18日，是瞿秋白就义的日子。

这一天，三十六师师部兵卫严密，一派肃杀之气。早晨8点，三十六师特务连连长走进囚室，向瞿秋白出示枪决命令。瞿秋白正在伏案挥笔书写绝笔诗：

夕阳明火乱山中，落叶寒泉听不穷。

已忍伶俜十年事，心持半偈万缘空。

他一边手不停笔，一边镇静地说："人生有小休息，有大休息，今后我要大休息了。"接着把诗写完，并附跋语，末署"秋白绝笔"。这时，宋希濂和三十六师的大部分干部，共约一百多人，先后走到堂屋里来。三十六师煞有介事地举行了军法开庭宣判。宋希濂说：九时二十分左右，瞿秋白在蒋先启的陪伴下走出房间，仰面向站在堂屋里的这些军官们扫视了一下，神态自若，缓步从容地走出了大门。他肃然正其衣履，到中山公园凉亭前拍照。今天我们还可以从这幅珍贵的遗照上看到瞿秋白最后的风采。他上身着黑色中式对襟衫，下身穿白布抵膝短裤，黑线袜，黑布鞋。背着两手，昂首直立，恬淡闲静之中流露出一股庄严肃穆的气概。据一位临场记者当日的报道：瞿秋白来到公园，"全园为之寂静，鸟雀停息呻吟。信步至亭前，已见菲菜四碟，美酒一甓，彼独坐其上，自斟自饮，谈笑自若神色无异"。

餐毕，出中山公园。瞿秋白在敌兵刀枪密布环护之下，慢步走向刑场。刑场在长汀西门外罗汉岭下蛇王宫养济院右侧的一片草坪，距中山公园两华里多。倘是怕死的人，不要说步行两华里，就是二十米也无法走，恐怕要被人拖行的。瞿秋白手挟香烟，顾盼自如，缓缓而行。沿途唱《国际歌》，并唱《红军歌》，呼"中国共产党万岁！"、"中国革命胜利万岁！"、"共产主义万岁！"口号。大概是多年养成的习惯，《国际歌》他是用纯熟的俄语唱的。临场监刑的三十六师政训处长蒋先启原是留俄学生。他清楚地听到了"英特纳雄耐尔……英特纳雄耐尔……"的歌声。到达刑场后，瞿秋白盘膝坐在草坪上，对刽子手微笑点头说："此地很好！"饮弹洒血，从容就义。年仅36岁。当日中午，宋希濂向李默庵电告："青密。瞿匪秋白已于本日上午十时遵令执行枪决。除将该匪照片及处理经过各情另外呈报外，谨先电闻。职宋希濂叩。巧午印。"下午，瞿秋白遗骸葬于罗汉岭盘龙岗。

后 记

从书生到领袖

一首人生歌，一段人生路，感动着我们，教育着后人，留给了历史。新中国创立和建设的历史，就是爱国主义不断彰显的历史。爱国主义在各个历史时期始终是中华民族走向独立和富强的不竭动力。爱国主义从来不是抽象的，瞿秋白将自己的命运与祖国的前途联系在一起，为新中国的成立作出了彪炳史册的贡献，谱写了中华民族历史上的壮丽篇章。

伟大的时代需要伟大的精神。英雄名垂青史，瞿秋白的光辉精神应代代相传。在他身上，我们看到了临危不惧、奋不顾身的革命英雄气概，看到了忠贞不渝、回肠荡气的爱国主义精神。

1950 年 12 月 31 日，毛泽东为《瞿秋白文集》题词，高度赞扬他道："在革命困难的年月里坚持了英雄的立场，宁愿向刽子手的屠刀走去，不愿屈服。他的这种为人民工作的精神，这种临难不屈的意志和他在文字中保存下来的思想，将永远活着，不会死去。"

　　历史将铭记瞿秋白与他的事迹。生活在和平年代的我们，没有经历过战场硝烟。我们有时为了自己的生活苦恼，抱怨命运的不公。但我们不应忘记为了我们幸福生活而牺牲的英雄们。我们应该感激现在的富足生活，感激那些用热血与生命换取了我们今天幸福生活的英烈。没有他们的抛头颅洒热血，就没有我们今天的美好生活。我们应该感恩，继承发扬他们的无私奉献精神。就让瞿秋白做我们的指路的明灯、发展的基石、长盛不衰的支柱。让瞿秋白这个闪亮的名字永远印记在我们的心中，让他的精神永远激励着我们前进！